Claudio Ricignuolo

La grande musique à la portée de tous

Les compositeurs

Illustrations de Luc Melanson

FIDES

L'auteur souhaite remercier Monique Lagacé, Michel Rudel-Tessier, Yves Beauchemin, Guylaine Girard, Renée Marc-Aurèle, Hugo Ricignuolo et Erika Pernot pour leur précieuse contribution ; et Antoine Del Busso, sans qui ce projet n'aurait jamais vu le jour.

LE LIVRE

Direction éditoriale : Guylaine Girard
Direction artistique : Gianni Caccia
Direction de la production : Carole Ouimet
Illustrations : Luc Melanson
Correction et révision : Michel Rudel-Tessier et Sylvie Gourde

LE DISQUE

Réalisation, mixage et masterisation : Disques SNB
Technicienne en chef : Renée Marc-Aurèle
Droits de reproduction des extraits musicaux : avec l'aimable autorisation de Intermede Media inc., Montréal, (Qué.), Canada (courriel : admin@intermedemusic.com)

Catalogage avant publication de Bibliothèque et Archives Canada
Ricignuolo, Claudio
La grande musique à la portée de tous
À partir de 8 ans.
Doit être acc. d'un disque compact.
Sommaire : Les compositeurs.
ISBN 2-7621-2446-8

1. Musique – Appréciation – Ouvrages pour la jeunesse. 2. Musique – Histoire et critique – Ouvrages pour la jeunesse. 3. Compositeurs – Ouvrages pour la jeunesse. 4. Instruments de musique – Ouvrages pour la musique. I. Titre.
MT7.R52 2004   J781.1'7   C2003-941448-5

Dépôt légal : 3ᵉ trimestre 2004
Bibliothèque nationale du Québec
© Éditions Fides, 2004

Les Éditions Fides remercient le ministère du Patrimoine canadien du soutien qui leur est accordé dans le cadre du Programme d'aide au développement de l'industrie de l'édition. Les Éditions Fides remercient également le Conseil des arts du Canada et la Société de développement des entreprises culturelles du Québec (SODEC). Les Éditions Fides bénéficient du Programme de crédit d'impôt pour l'édition de livres du Gouvernement du Québec, géré par la SODEC.

Imprimé au Canada en septembre 2004

Préface

Tu l'auras sans doute déjà découvert par toi-même : la musique est une des plus belles choses du monde. Est-ce que chacun de nous, un jour ou l'autre, n'a pas été transporté par la musique ? Et pourtant, personne ne peut vraiment expliquer pourquoi. Mystère ou magie ? Sans doute les deux. La musique nous parle un langage unique, singulier, étrange, qu'on ne peut traduire par des mots, et qui s'adresse à une partie cachée de nous-mêmes, très sensible et infiniment précieuse. La musique peut nous faire voler comme des oiseaux, nous remplir de joie ou de tristesse (de cette tristesse si délicieuse, tu sais…), nous faire rire, nous bouleverser, nous projeter à travers les siècles et les continents, et jusque dans le monde des étoiles, nous lancer dans les aventures les plus incroyables, nous plonger dans le rêve, nous exciter, nous apaiser, nous réconforter, nous parler d'amour, de solitude et d'espoir, et nous apprendre sur nous des choses que rien ni personne n'aurait pu nous révéler.

Il ne faut surtout rien demander à la musique mais la laisser agir en toute liberté, car elle aime qu'on l'accueille les bras grands ouverts, au moment qu'elle a choisi.

J'ai commencé à aimer la musique vers l'âge de huit ans, dans des circonstances plutôt bizarres. J'habitais un petit village d'Abitibi, dans le nord-ouest du Québec. C'était l'été. Il faisait très chaud. Nous jouions dehors, des amis et moi, après le souper. J'ai eu soif et je suis entré chez moi prendre un verre d'eau. Mes parents écoutaient un disque au salon. C'est alors que la musique m'a saisi. Immobile au milieu de la cuisine, j'écoutais, rempli de… de je ne sais quoi… C'était extraordinairement agréable.

Quelqu'un ou quelque chose m'emportait très loin, très haut, et pourtant j'étais bien chez moi, devant la table, près de l'évier... Je ne savais pas ce qui m'arrivait. J'aurais voulu que cela dure toujours.

J'ai bu deux grands verres d'eau et je suis allé rejoindre mes amis. Mais quelques minutes plus tard, je rentrais à la maison pour écouter encore une fois cette merveilleuse musique.

Dans la soirée, ma mère m'a appris qu'il s'agissait de la cinquième symphonie de Beethoven. J'ignorais évidemment à cet âge ce qu'était une symphonie et qui était Beethoven. Mais cela n'avait aucune importance !

Attention, cependant... Je ne suis pas en train de dire que moins on en sait sur la musique, plus on en jouit ! Je veux tout simplement souligner que le plaisir de la musique est une chose naturelle et accessible à tout le monde.

À partir de ce jour, la musique a fait sa place dans ma vie. Je ne suis pas devenu un musicien pour autant, mais j'ai appris sur elle beaucoup de choses qui m'ont permis d'augmenter mon plaisir. J'en suis même devenu un passionné. On appelle cela un « mélomane ».

C'est ce que voudrait faire de toi le livre que tu tiens entre tes mains.

Yves Beauchemin

Une véritable caverne d'Ali Baba

Vous connaissez l'histoire d'Ali Baba et les quarante voleurs ? C'est une histoire qui fait partie des *Contes des mille et une nuits*. Le héros, Ali Baba, découvre une caverne où des voleurs cachent leurs trésors. Cette caverne est fermée par une porte qui la camoufle totalement aux yeux des curieux. Ayant épié les voleurs, Ali Baba a découvert le secret de la caverne : pour ouvrir la porte, il suffit de prononcer la formule magique « Sésame, ouvre-toi ! ». Les voleurs partis, le courageux Ali Baba pénètre dans la caverne grâce à la formule magique et se met à l'explorer. Il y découvre une immense salle remplie d'une inimaginable quantité de trésors d'une merveilleuse beauté et d'une inestimable valeur : de l'or, des diamants, des pierres précieuses étincelantes et multicolores…

Pour moi, la musique classique est comme une véritable caverne d'Ali Baba. Ses trésors cachés se révèlent aux oreilles de ceux qui savent la découvrir. En réalité, ce n'est pas une musique difficile à comprendre. Il suffit d'en connaître la formule magique pour être transporté dans un océan sonore tellement grand et varié qu'il semble inépuisable. Ce que ce livre propose est un petit voyage d'introduction au pays des compositeurs et de leur musique, à peine un aperçu, histoire de goûter un peu à ces merveilles et d'avoir envie d'en connaître davantage. Alors… « Sésame, ouvre-toi ! »

* * *

Ce livre-disque est conçu pour favoriser un premier contact avec le vaste monde de la musique classique. Pour ce faire, j'ai privilégié une approche, en quelque sorte, morcelée et panoramique, un peu comme celle que je pratique dans ma série de cours « Invitation à la mélomanie », mais adaptée ici aux plus jeunes: une sorte de menu dégustation où le texte, les superbes illustrations de Luc Melanson et les extraits sonores se complètent de façon à brosser un tableau général de la musique occidentale.

D'abord, le livre présente les compositeurs en ordre chronologique. En fin de volume, un lexique aidera le mélomane en herbe à faire la lumière sur les termes suivis d'un astérisque. Et, en complément, le disque présente une grande variété d'extraits musicaux regroupés par thèmes.

Bon voyage!

CLAUDIO RICIGNUOLO

Ce livre est dédié à Renato Ricignuolo, mon père et mon premier professeur de mélomanie

Les époques de la musique classique

Ce qu'on appelle « musique classique » englobe des centaines, et même des milliers de compositeurs. La musique classique inclut tout ce qu'on a composé dans les siècles passés et qui nous est parvenu par écrit, même la musique populaire, les danses à la mode, et autres divertissements musicaux. C'est seulement depuis moins de cent ans qu'on sépare la musique classique de la musique populaire. Il existe donc une variété incroyable de styles selon les époques, les instruments utilisés, le genre de composition et la personnalité de chaque compositeur. Les musicologues* ont donné des noms aux diverses époques de la musique classique: la musique médiévale (c'est-à-dire du Moyen Âge à peu près jusqu'en 1500), la musique de la Renaissance (de 1500 à 1600), l'époque baroque (de 1600 à 1750), l'époque préclassique* (à peu près de 1730 à 1770), l'époque classique (à peu près de 1730 à 1825), l'époque romantique (de 1810 à 1890 environ),

PAGE PRÉCÉDENTE
Vierge à l'Enfant entourée de quatre saints (détail)
Le Pordenone, ca 1525
(Église de Susegana, Trévise, Italie)
[© Elio Ciol/Corbis/Magma]

l'époque moderne et contemporaine (de 1890 à aujourd'hui). Il est amusant de connaître à quelle époque appartient chaque compositeur et d'essayer d'identifier les différences entre les musiques d'époques différentes.

Avant l'époque baroque
La préhistoire et l'Antiquité

Les êtres humains font de la musique depuis la préhistoire. Pendant des dizaines de milliers d'années, nos ancêtres ont cherché à s'exprimer par le chant et la danse tout en inventant et en améliorant les instruments de musique. Lorsque les premières grandes civilisations sont apparues, leurs musiques étaient déjà très raffinées. Ainsi les Babyloniens, les Hébreux et les Égyptiens du temps des pharaons connaissaient déjà la harpe, le luth*, la flûte et divers autres instruments : on peut en voir dans les sculptures ou les peintures qu'ils nous ont laissées. Par contre, leurs mélodies nous sont inconnues puisqu'ils n'avaient pas encore inventé l'écriture musicale.

Musiciennes et danseuses (détail)
Anonyme, ca 1420 av. J.-C.
(Tombe du scribe Nakht, Thèbes, Égypte)
[© Gianni Dagli Orti/Corbis/Magma]

Il y a environ 2500 ans, les Grecs inventent un système pour noter les mélodies : pour représenter les sons, ils se servent des lettres de l'alphabet qu'ils inclinent de différentes façons. C'est le début de l'histoire de la musique occidentale. Mais, malheureusement, très peu de leurs mélodies nous sont parvenues.

Le Moyen Âge

Au Moyen Âge, le système grec de notation musicale finit par être abandonné tandis qu'on en invente un autre, moins compliqué et donc plus pratique. Après plusieurs siècles, il deviendra celui que nous utilisons encore aujourd'hui. Les plus importantes musiques du Moyen Âge sont le chant grégorien et les chansons des troubadours. Ce qu'on appelle « chant grégorien », c'est l'ensemble des prières chantées dans les églises catholiques. Cela s'appelle ainsi à cause du pape Grégoire Ier qui a commencé à classer ces chants et à décider lesquels sont valables et lesquels doivent être écartés. Les troubadours étaient des poètes et compositeurs très appréciés. À l'époque des chevaliers, ils allaient de château en château, accompagnés d'instrumentistes appelés des « ménestrels » et ils chantaient surtout des chansons d'amour, mais aussi des chansons sur la guerre ou sur la nature.

Saint Martin est fait chevalier (détail)
Simone Martini, 1321 (Chapelle de saint Martin, Église de saint François d'Assise, Assise, Italie)
[© Elio Ciol/Corbis/Magma]

La plupart des œuvres musicales du Moyen Âge étaient anonymes (c'est-à-dire que leurs compositeurs sont demeurés inconnus). Le premier compositeur important de l'histoire de la musique était une femme, Hildegard von Bingen (1098-1179), qui a composé des chants religieux d'une grande beauté. Parmi les autres grands compositeurs médiévaux, il y a eu Bernart de Ventadorn (vers 1127-1195), Adam de la Halle (vers 1237-1287), Guillaume de Machaut (environ 1300-1377), Francesco Landini (1335-1397) et Joanes Ockeghem (vers 1430-1496).

Les époques de la musique classique

La Renaissance

Cette période de l'histoire de la musique a duré environ un siècle: c'est dix fois moins que le Moyen Âge qui, lui, avait duré à peu près mille ans! À la Renaissance, des compositeurs comme Josquin Desprez (environ 1440-1521), Tallis (1505-1585), Lassus (1532-1594), Victoria (1548-1611), Palestrina (1525-1594) et plusieurs autres écrivent de véritables trésors de musique religieuse pour chœur. D'autres, comme Clément Janequin, écrivent des œuvres vocales poétiques ou amusantes sur des sujets comme le chant des oiseaux. C'est à cette époque qu'on invente aussi l'imprimerie musicale, ce qui permet à chacun de se procurer des partitions (avant, tout était écrit à la main et seuls quelques moines et savants avaient accès aux œuvres musicales). Grâce à cette invention, l'apprentissage d'un instrument de musique devient une activité de plus en plus populaire à travers l'Europe. À la Renaissance, Byrd (1543-1623), Dowland (1563-1626), Susato (vers 1500-1564), Galilei (1520-1591) et de nombreux autres écrivent des milliers de pièces pour divers instruments comme le virginal*, l'orgue, les violes* ou le luth.

L'enfant prodigue chez les courtisanes. Allégorie des cinq sens (détail)
École flamande, XVIe siècle (Musée Carnavalet, Paris, France) [© Gianni Dagli Orti/Corbis/Magma]

Les compositeurs

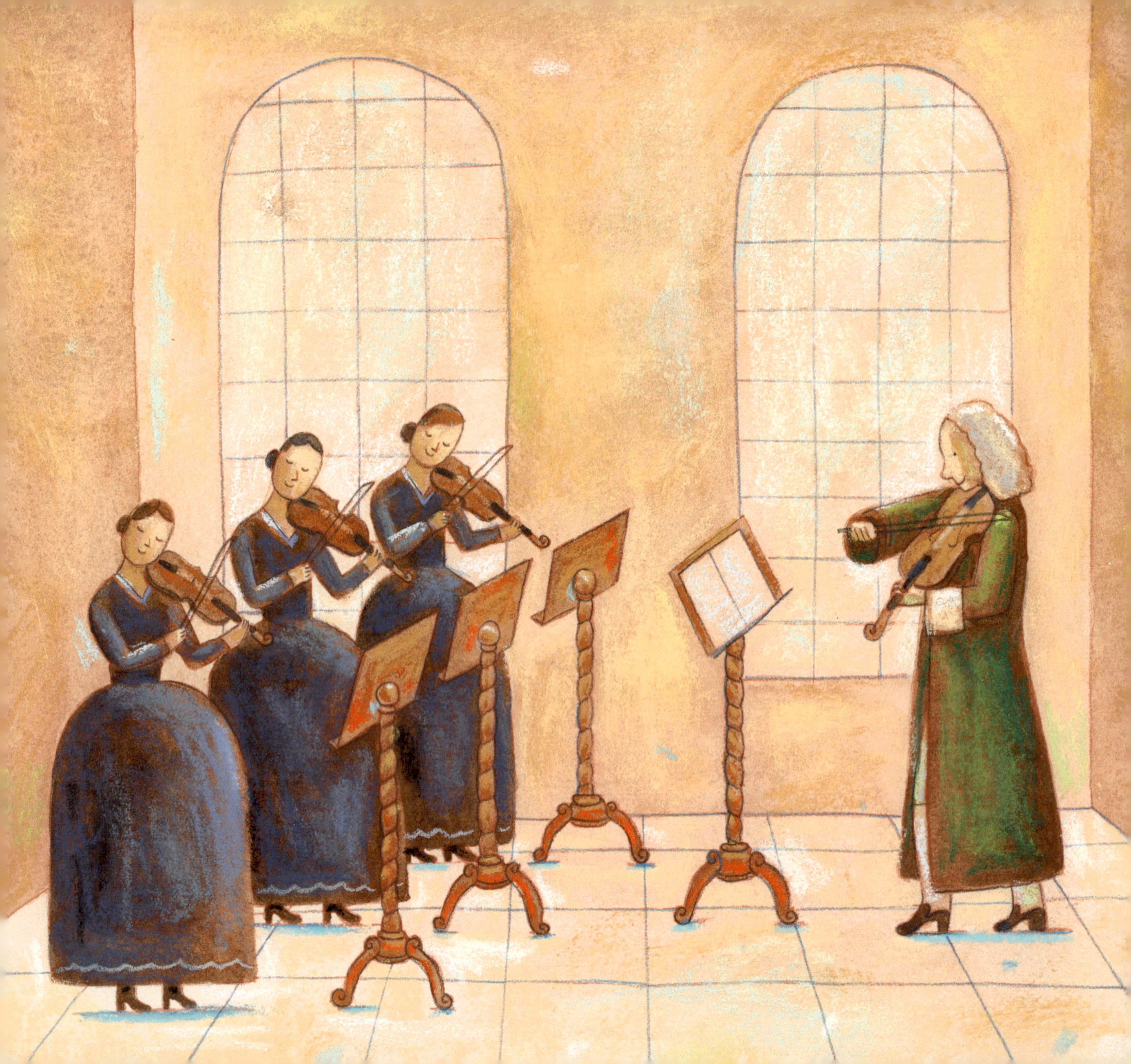

Antonio Vivaldi (1678-1741)

C'est à Venise qu'a vécu le compositeur italien Antonio Vivaldi, en pleine époque baroque. Giovanni Battista Vivaldi, le père d'Antonio, était violoniste. C'est lui qui donne les premières leçons de violon à son fils, qui va rapidement surpasser son maître. En plus de la musique, Antonio étudie les matières religieuses et finit par devenir prêtre. À cause de la couleur de ses cheveux, on le surnomme « Il prete rosso », c'est-à-dire « Le prêtre roux ».

    Vivaldi est nommé professeur et maître de chapelle dans un orphelinat pour jeunes filles. Son travail consiste à enseigner la musique, à composer, et à organiser et diriger des concerts. Les élèves sont très douées et l'orchestre se produit souvent devant le public vénitien. Durant ce temps, Vivaldi compose des concertos* par centaines : environ 450 concertos pour divers instruments, dont 220 pour violon. Bien des concertos de Vivaldi sont inspirés de la nature. Les plus célèbres sont les quatre concertos pour violon intitulés *Les Quatre Saisons*. La musique y évoque entre autres des chants d'oiseaux, le sifflement du vent, le son de la pluie, le grondement de l'orage. Un autre concerto, pour flûte celui-là, s'appelle *Le Chardonneret* et un autre encore, *La Tempête de mer*. Après sa mort, la musique de Vivaldi a été oubliée pendant deux siècles. Ce n'est que vers 1945 qu'on a recommencé à en jouer.

L'ÉPOQUE BAROQUE

Dans l'histoire de la musique, l'époque baroque a été l'une des plus importantes. Elle a commencé vers l'an 1600 et s'est terminée vers 1750. C'est à cette époque que l'on a commencé à utiliser le violon, un instrument qui venait d'être inventé en Italie, et que le clavecin* est devenu populaire. C'est également au cours de l'ère baroque que l'on crée de nouveaux genres musicaux, entre autres, l'opéra*, l'oratorio*, la cantate*, le concerto, la symphonie*, la suite* et la sonate*. À cette époque, les hommes portaient de grandes perruques bouclées qui descendaient jusqu'au milieu du dos, et de drôles de costumes avec des dentelles. On construisait des églises et des châteaux éblouissants, décorés de mille fioritures finement sculptées dans la pierre. On aimait les fêtes théâtrales et fastueuses, et les grands jardins ornés de fontaines et de statues.

Fontaine des Quatre-Fleuves (détail)
Le Bernin, 1647-1652 (Place Navone, Rome, Italie)
[© Jean-Pierre Lescourret/Corbis/Magma]

Les compositeurs

Le rappel des oiseaux

Jean-Philippe Rameau (1683-1764) et François Couperin (1668-1733)

Jean-Philippe Rameau a vécu en France vers la fin de l'époque baroque. Il a été un des plus grands maîtres du clavecin. Rameau a écrit, pour cet instrument, un grand nombre de courtes pièces réunies en trois cahiers appelés « recueils ». Ces pièces portent souvent des titres pittoresques ou amusants comme *Le Rappel des oiseaux*, *Les Tendres Plaintes*, *La Follette*, *Les Tourbillons*, *Les Cyclopes*, *Le Lardon*, *La Poule* ou *L'Agaçante*. Il a aussi adapté certaines de ces pièces dans une version pour ensemble de musique de chambre*. Cette version s'appelle « Pièces de clavecin en concert ». Rameau a également composé de la musique religieuse et pas moins de trente-deux opéras. Vers la même époque vivait aussi, en France, François Couperin, qui venait d'une illustre famille de musiciens. Comme Rameau, Couperin était un virtuose* du clavecin, auteur de plusieurs petits bijoux aux noms colorés comme *Les Abeilles*, *Les Idées heureuses*, *Les Laurentines*, *La Drôle de Corps*, *Le Gaillard-Boiteux*, *Le Tic-Toc-Choc ou les Maillotins*, *Les Tours de passe-passe* et tant d'autres. Il a aussi composé de magnifiques œuvres religieuses.

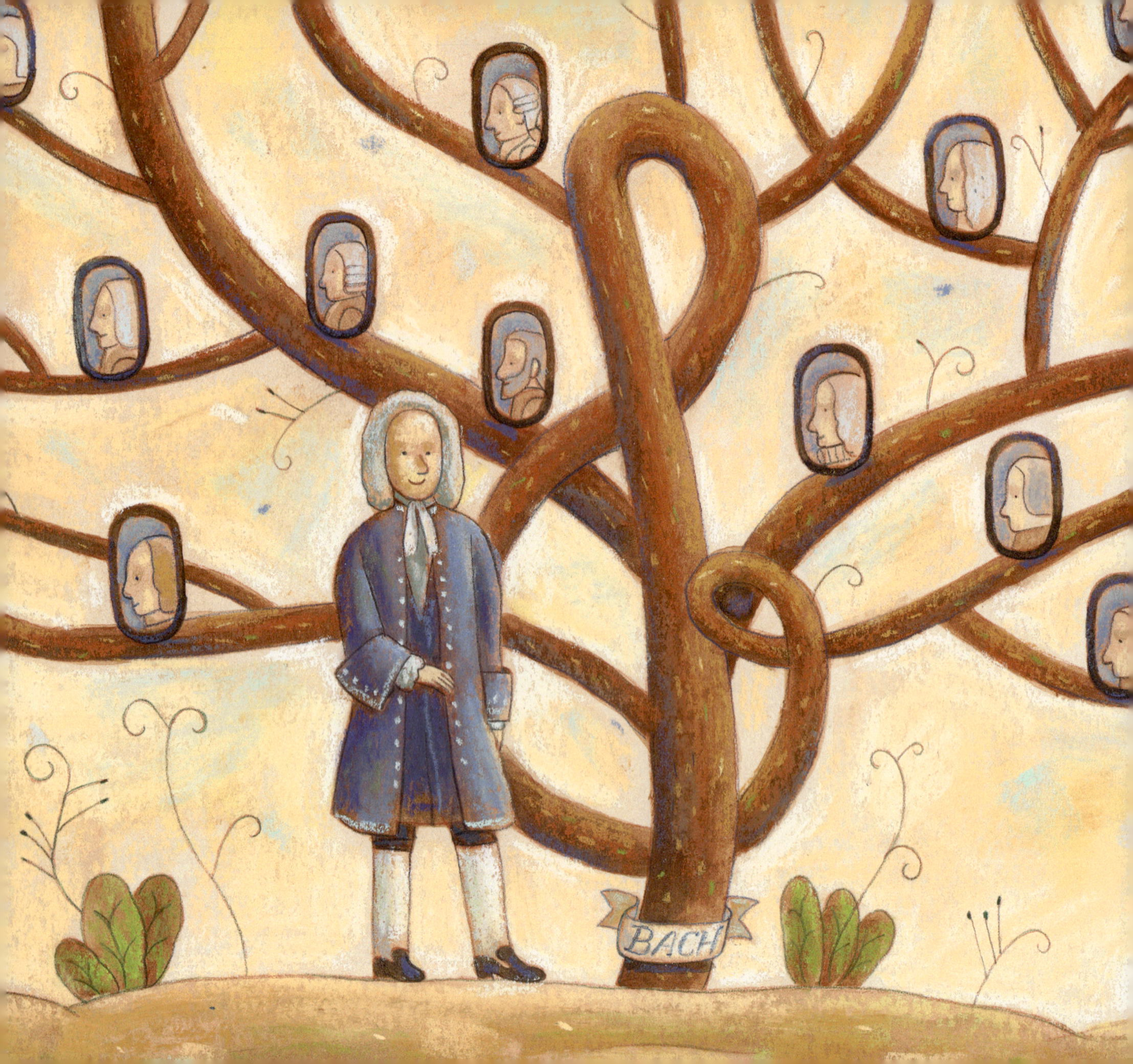
BACH

Johann Sebastian Bach (1685-1750)

1685 a été une année bénie dans l'histoire de la musique. En effet, elle a vu naître trois des plus grands compositeurs de l'époque baroque : Georg Friedrich Haendel, Domenico Scarlatti et Johann Sebastian Bach. Beaucoup de spécialistes, de musiciens et de mélomanes* s'entendent pour dire de J. S. Bach qu'il a été le plus grand compositeur de tous les temps.

La famille Bach représente d'ailleurs un phénomène unique dans l'histoire de la musique. Imaginez : entre l'ancêtre Johannes Bach, qui est né en 1555, et son lointain descendant Wilhelm Friedrich Ernst Bach, qui meurt en 1845, il y a eu une quarantaine de musiciens professionnels… en 300 ans ! De tous ces musiciens, le plus grand de tous demeure, évidemment, Johann Sebastian (ou Jean Sébastien).

▷ 16 • 25

Les compositeurs

J. S. Bach est le fils de Johann Ambrosius Bach, violoniste, organiste et trompettiste de la ville d'Eisenach, dans une région d'Allemagne appelée la Thuringe, juste à côté de la Saxe. Lorsque Jean Sébastien atteint l'âge de neuf ans, sa mère tombe malade et meurt. L'année suivante, son père meurt à son tour. Il se retrouve donc orphelin à dix ans. Jean Sébastien sera élevé par son frère aîné Johann Christoph, alors âgé de vingt-quatre ans.

Jean Sébastien aime beaucoup apprendre, surtout le latin et la musique que lui enseigne son grand frère. Très vite, il est payé pour chanter dans des chœurs et participe ainsi au budget familial. Il passe tout son temps libre à copier de la musique ! Pourquoi ? Parce que, ainsi, il a le loisir de comprendre comment la musique est construite sans qu'aucun détail ne lui échappe. C'est de cette manière qu'il acquiert la plus grande partie de sa science musicale.

Bach devient aussi un prodigieux organiste* et un compositeur infatigable, qui pratique tous les genres musicaux de son temps, à l'exception de l'opéra. Il faut dire que son énergie est tournée avant tout vers la musique sacrée, car J. S. Bach est un homme profondément religieux. Même quand il compose des concertos ou des suites* de danses, il est habité par la foi et dit composer « à la seule gloire de Dieu ».

Georg Friedrich Haendel (1685-1759)

Un Allemand en Angleterre

Haendel est né à Halle, dans la région de la Saxe, en Allemagne. Son père était à la fois barbier et chirurgien, une combinaison étonnante pour nous mais courante à cette époque! Les dons exceptionnels de Georg Friedrich se sont manifestés très tôt, mais son père, qui ne se souciait pas de musique, voulait en faire un homme de loi et l'inscrivit à la faculté de droit. Heureusement, le papa finit par lui laisser aussi prendre des cours d'orgue chez un certain monsieur Zachow, qui lui enseigna non seulement cet instrument mais aussi le clavecin, le violon et le hautbois.

Tout en continuant à étudier le droit, Haendel est nommé, à dix-sept ans, organiste à la cathédrale de Halle! Mais Haendel n'avait nulle envie de rester dans sa petite ville, il voulait voir du pays et rencontrer les grands maîtres dont il admirait les compositions. Il part donc l'année suivante pour Hambourg où il est d'abord violoniste dans l'orchestre de l'Opéra. Mais il n'en reste pas là et, très vite, il fait représenter son premier opéra, *Almira*, alors qu'il n'a pas encore vingt ans. Moins de deux mois plus tard, il en donne un deuxième!

C'est le début d'une carrière fulgurante qui le mène d'abord en Italie, notamment à Florence, à Venise, à Naples et surtout à Rome, en 1707, où il rencontre quelques-uns des plus grands compositeurs italiens de l'époque baroque : le grand maître du violon, Arcangelo Corelli (1653-1713), Alessandro Scarlatti (1660-1725), auteur d'opéras et de cantates, et son fils Domenico (1685-1757), prodigieux compositeur de 555 sonates pour clavecin. Haendel se délecte à fréquenter ces maîtres desquels il apprend le style italien. À cette époque, à peine âgé de vingt-deux ans, il écrit une de ses plus belles œuvres, le *Dixit Dominus*.

Mais la plus importante et la plus longue partie de sa vie, c'est en Angleterre qu'il la passera. Son premier voyage à Londres a lieu en 1710, puis il y retourne pour de bon en 1712. Désormais, il ne quittera plus sa nouvelle patrie, mis à part quelques voyages, et il devient citoyen anglais en 1727. À cette occasion, il anglicise son nom en Handel. (De nos jours, on a l'habitude d'écrire «Händel» en allemand, «Haendel» en français et «Handel» en anglais, mais de son vivant, on l'a aussi écrit «Hendel», «Hændel», «Haendell», et même «Haindelle»!)

Haendel, intarissable, écrit chef-d'œuvre après chef-d'œuvre, dans tous les genres de son temps: au cours de sa vie, il écrit une quarantaine d'opéras en langue italienne, vingt-deux oratorios en langue anglaise, dont le célèbre *Messie*, des concertos, des sonates, des suites pour divers instruments, etc. En 1827, Beethoven a dit de lui: «Haendel est le plus grand musicien qui ait jamais existé. Je voudrais m'agenouiller sur sa tombe.»

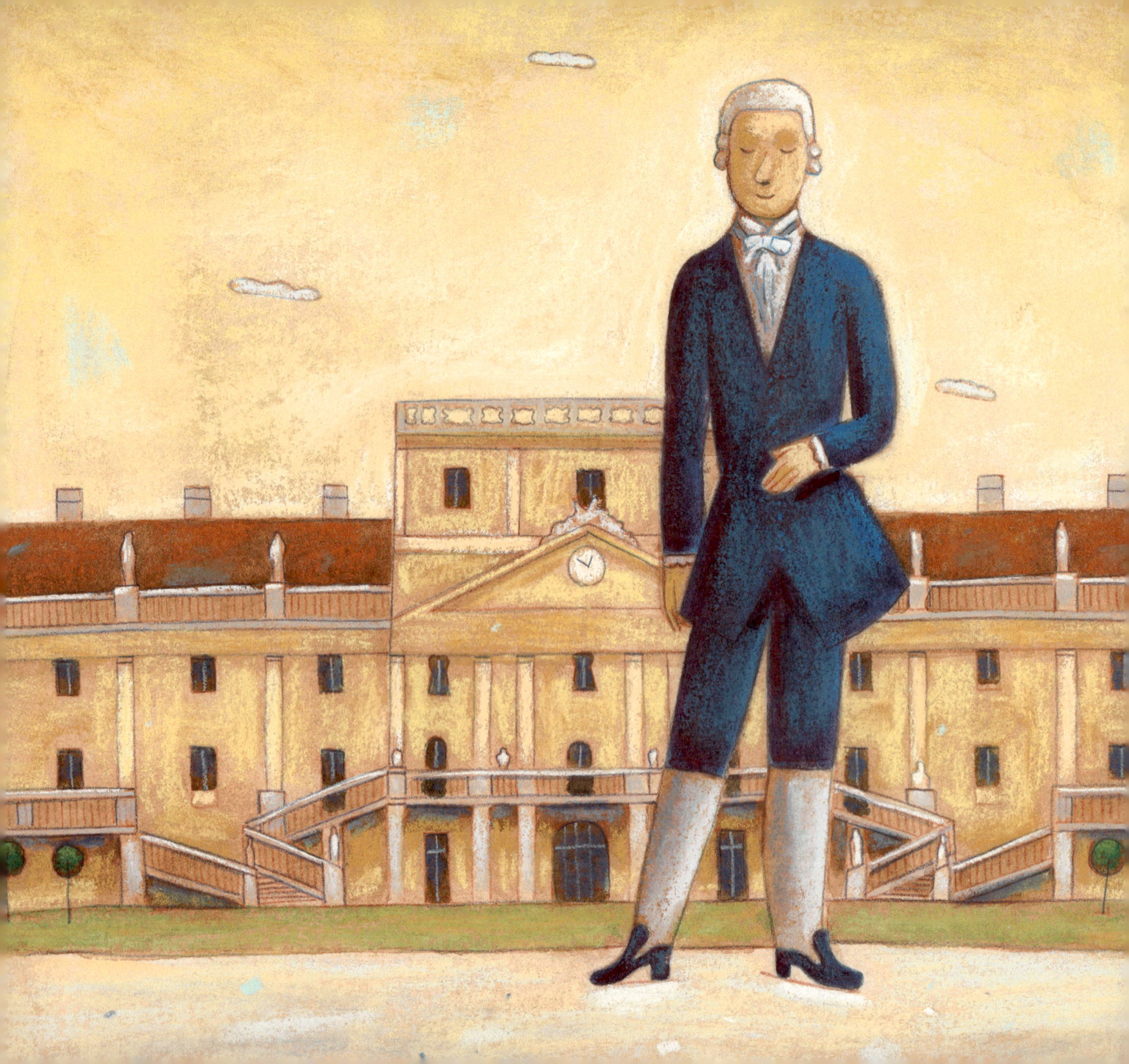

Franz Joseph Haydn (1732-1809)

Joseph Haydn est né dans le petit village de Rohrau, en Autriche. Son père était charron (c'est celui qui fabrique et répare les charrettes et les chariots), et sa mère, cuisinière au palais d'un comte. Joseph est encore très jeune lorsque ses professeurs remarquent sa jolie voix. À huit ans, il est envoyé à Vienne pour chanter dans la chorale de la cathédrale Saint-Étienne tout en fréquentant l'école. Haydn apprend à jouer du clavecin, du violon et d'autres instruments. À seize ans, il quitte l'école et, sans le sou, il trouve à se loger dans un grenier. Pour gagner sa vie, il donne des leçons de musique et compose beaucoup. À vingt-cinq ans, il écrit la première de ses… 104 symphonies !

Haydn devient un des compositeurs les plus célèbres de son époque. L'année 1761 marque un grand tournant dans sa vie : il est engagé au service du prince Esterházy, dans son grand palais à la campagne. Il est chargé d'y organiser la vie musicale, ce qui n'est pas une mince affaire ! Il s'agit d'un château somptueux, avec deux théâtres et un immense parc. Tous les jours, on y fait de la musique, et pas seulement de la musique de chambre, mais aussi des symphonies et des opéras. Un orchestre au grand complet réside en permanence sur les lieux! Haydn demeure ainsi au service du prince jusqu'en 1791. Au cours de ces trente années, il compose environ quatre-vingts symphonies et quinze opéras. Il doit séjourner chez les Esterházy une grande partie de l'année et passe le reste du temps à Vienne. C'est dans cette ville que, en 1782, il rencontre Mozart et devient son ami. Cette année-là, Haydn a cinquante ans et Mozart, vingt-six. Les deux hommes nouent de profonds liens d'amitié. Mozart a dit de Haydn qu'il était le plus grand compositeur vivant, et Haydn a déclaré la même chose au sujet de Mozart!

Haydn a été surnommé le « Père de la symphonie ». En réalité, ce n'est pas lui qui a inventé ce genre musical, mais il en a créé les premiers chefs-d'œuvre immortels. En revanche, c'est bien lui qui a créé le genre du quatuor* à cordes et aussi celui du trio*. Il a écrit quarante-cinq trios et soixante-huit quatuors à cordes.

La musique de Haydn ressemble beaucoup à celle de Mozart, bien que chacun ait sa propre personnalité. La musique de Haydn dégage une tendresse souriante, une générosité et, souvent, beaucoup d'humour. Ses symphonies portent parfois des titres comme *La Poule*, *L'Horloge*, *La Chasse*. Une de ses plus amusantes s'appelle *Le Distrait*. Haydn y a inséré exprès des fausses notes pour imiter le jeu de musiciens distraits, qui se trompent!

L'ÉPOQUE CLASSIQUE

Mozart, Haydn, Beethoven et quelques autres compositeurs célèbres comme l'Italien Luigi Boccherini (1743-1805) ont écrit leurs chefs-d'œuvre à la fin du XVIIIe siècle et au début du XIXe (à peu près entre 1770 et 1825). Ce sont les représentants de l'époque classique (à ne pas confondre avec la « musique classique » en général, qui regroupe toutes les époques). L'époque classique vient juste après l'époque baroque. C'est à l'époque classique que le piano remplace le clavecin et devient l'instrument le plus important. Le style musical classique recherche la clarté et la simplicité. C'est un style moins fantaisiste que celui de l'époque baroque. À l'époque classique, les hommes portaient une perruque courte appelée « perruque à catogan » (au temps de Mozart et de Haydn), puis plus de perruque du tout (comme Beethoven). La force et la poésie de la musique de Beethoven annoncent la musique de l'époque romantique, mais la manière dont il construit ses compositions appartient au style classique.

Luigi Boccherini (détail)
Anonyme, *ca* 1800
[© Bettmann/ Corbis/Magma]

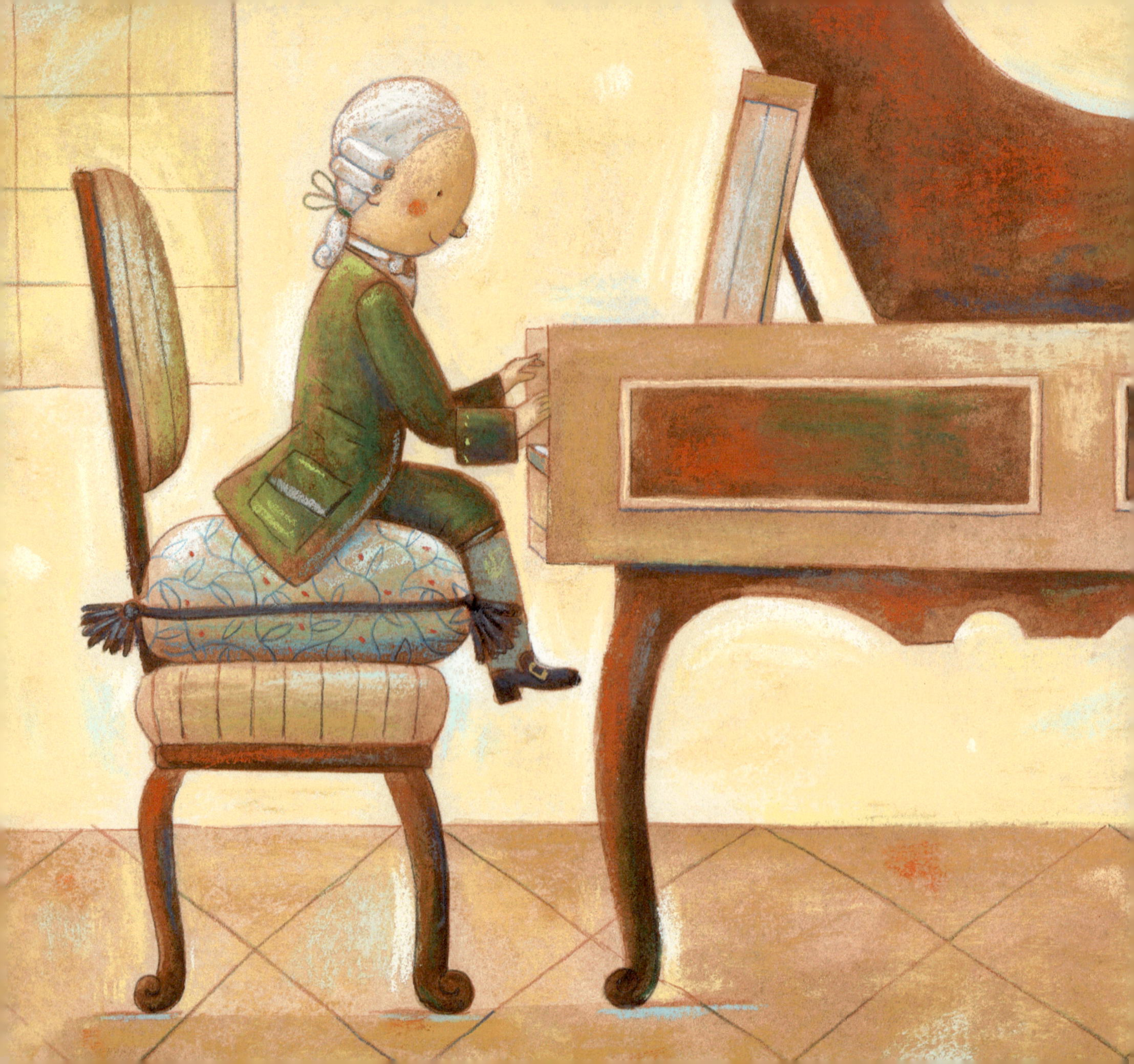

Wolfgang Amadeus Mozart (1756-1791)

Jamais on n'a vu un génie musical aussi prodigieux que celui de Wolfgang Amadeus Mozart enfant! Son père, Léopold, était violoniste, professeur de musique et compositeur à Salzbourg, une petite ville autrichienne près de la frontière allemande. Wolfgang avait une grande sœur, Maria Anna, qui jouait du clavecin. Un jour, le petit Wolfgang, âgé de trois ans, s'amusait sur le clavecin de sa sœur. Il en tirait des accords très harmonieux. « Que fais-tu ? » lui demande son père, admiratif. « Je cherche les notes qui s'aiment », lui répond Wolfgang !

Dès l'âge de cinq ans, avant même de savoir lire, le petit Mozart compose quelques menuets sur son clavicorde*. L'année suivante, Léopold entreprend avec ses enfants une série de tournées de concerts à travers l'Europe (en Allemagne, en France, en Italie, en Angleterre, en Hollande, en Belgique et en Suisse). Wolfgang et Nannerl (c'est ainsi qu'il appelle affectueusement sa sœur Maria Anna) jouent devant les

Les compositeurs

princes, les rois, et même devant l'impératrice Marie-Thérèse d'Autriche dans son grand palais de Vienne. Ces tournées dureront quelques années. Pendant tout ce temps, les enfants continuent à étudier la musique et les matières scolaires, et Wolfgang développe un goût pour la composition. À huit ans, il compose sa *Symphonie n° 1* et à 11 ans, son premier opéra!

Les années passent et à vingt-cinq ans, Mozart s'installe à Vienne où il fait la connaissance du grand Haydn. Les deux hommes s'admirent l'un l'autre et deviennent de grands amis. Compositeur prolifique, Mozart écrit plus de 620 œuvres: symphonies, concertos, sonates, musique religieuse, etc. Mais ce qu'il préfère, ce sont les opéras: il en compose une vingtaine. Même quand il écrit de la musique instrumentale (sans chant), il pense à l'opéra, avec des mélodies qui se répondent les unes les autres, comme des personnages. Sa musique est souvent joyeuse et pétillante, parfois, au contraire, très dramatique. Hélas, sa santé est fragile et il meurt très jeune, à trente-cinq ans seulement. Il a tout de même réussi à devenir l'un des plus grands compositeurs de tous les temps.

L'AUTRICHE

L'Autriche est un joli pays montagneux situé au centre de l'Europe, entouré de l'Italie, de la Suisse, de l'Allemagne, de la République tchèque et de la Hongrie. Les habitants de l'Autriche sont les Autrichiens. Ils parlent l'allemand et aiment beaucoup la musique. Plusieurs grands compositeurs sont nés en Autriche et d'autres, venus d'ailleurs, s'y sont installés, attirés par l'intense activité musicale de Vienne, la capitale autrichienne. Haydn et Mozart ont été les premiers compositeurs autrichiens vraiment importants.

Fontaine de Pallas-Athène (détail).
Carl Kundmann, 1902
(Édifice du parlement, Vienne, Autriche)
[© Tibor Bognár/Corbis/Magma]

La rivière Salzach et la ville de Salzbourg (détail). (Autriche)
[© Dennis Degnan/Corbis/Magma]

Les compositeurs

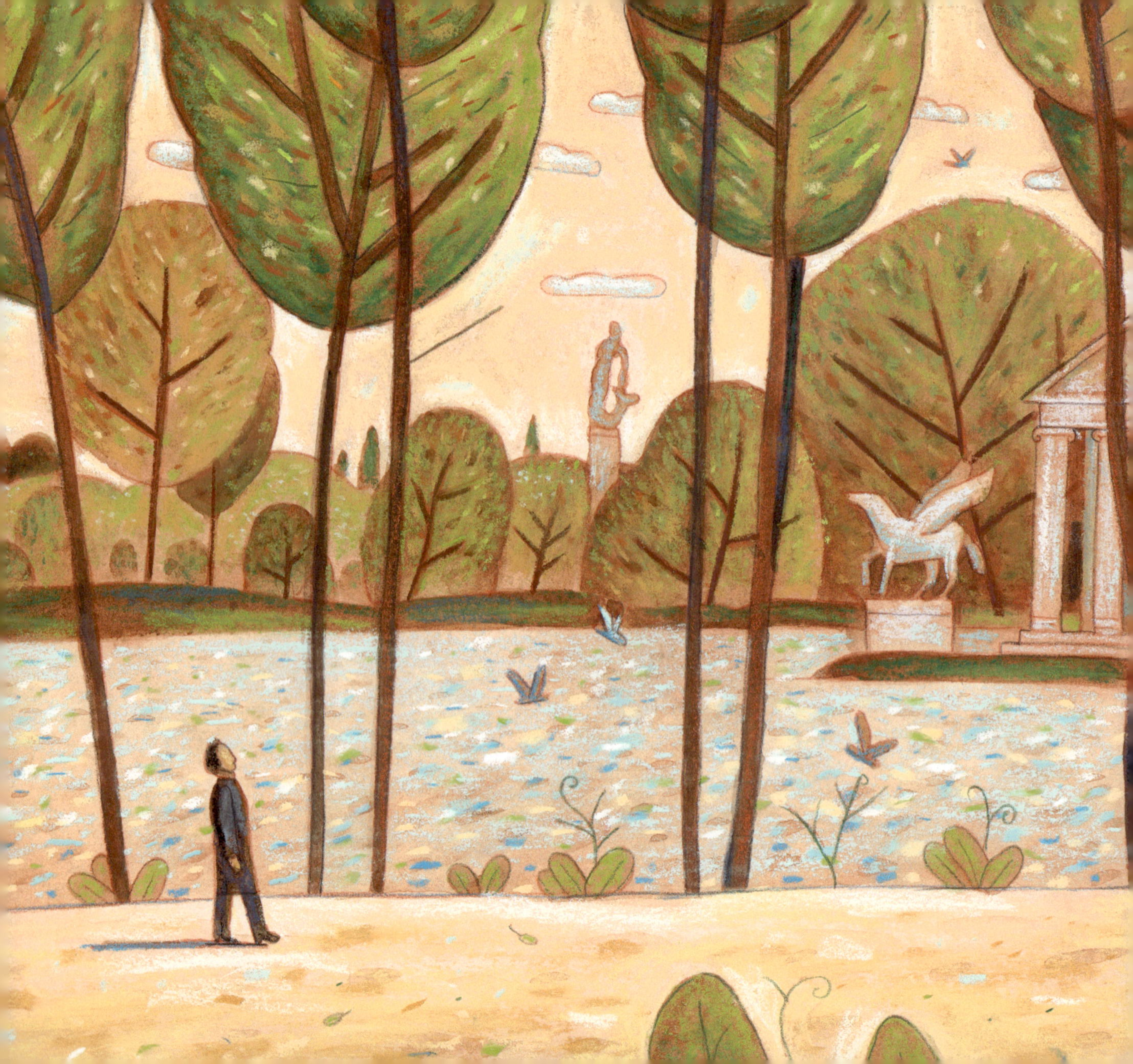

Ludwig van Beethoven (1770-1827)

La beauté sublime de la musique de Beethoven continue, près de 200 ans après sa mort, à toucher nos cœurs, et pourtant, son auteur a été privé du sens de l'ouïe ! Comment cela a-t-il été possible ?

Beethoven est né en 1770 à Bonn, en Allemagne. Très tôt au cours de son enfance, son entourage remarqua ses dons musicaux hors du commun. Il reçut donc une solide formation auprès des meilleurs professeurs. À cette époque, Beethoven n'était pas encore sourd, bien au contraire, il avait l'oreille particulièrement fine. Hélas, il vécut une enfance malheureuse à cause de son père qui était alcoolique et violent. Au cours de son adolescence, Beethoven devint un pianiste accompli et un compositeur prometteur. À l'âge de dix-sept ans, on l'envoya se perfectionner à Vienne, la capitale de l'Autriche et la plus importante ville musicale de l'époque. C'est là où vivaient alors Mozart et Haydn. Le jeune Beethoven réussit à obtenir des leçons de

Les compositeurs

Haydn. Sa renommée, comme pianiste virtuose d'abord, puis comme compositeur, se mit à grandir très vite.

Les premières manifestations de sa surdité ne sont apparues qu'en 1798, alors qu'il était âgé de vingt-huit ans. La surdité n'était que partielle au début : il pouvait encore jouer et diriger ses œuvres. Au fil des ans, elle augmenta peu à peu. Lorsqu'en 1815 son infirmité l'obligea à abandonner sa carrière de pianiste et de chef, il avait déjà composé huit de ses neuf symphonies et la majeure partie de son œuvre. Même devenu complètement sourd, il a pu continuer à composer, car il entendait tous les détails de sa musique dans sa tête.

La surdité a fait naître en Beethoven des émotions variées qu'il nous a transmises à travers sa musique. Dans certaines pages* énergiques s'expriment des sentiments de révolte : révolte contre son infirmité et contre l'injustice en général, combats contre la tyrannie et pour la liberté et la fraternité. En d'autres pages, on sent une profonde tristesse, une soif de bonheur, une grande tendresse et beaucoup d'espoir. Beethoven aimait trouver son inspiration lors de longues promenades dans les parcs de Vienne et à la campagne. Il marchait tous les jours pendant des heures en notant ses idées musicales dans un carnet. Quelques-unes de ses compositions nous disent la joie de se retrouver dans la nature : c'est le cas de la *Symphonie* n⁰ 6, qu'on appelle la « Pastorale », et de la *Sonate* n⁰ 5 pour violon et piano intitulée « Le Printemps ».

L'ÉPOQUE ROMANTIQUE

Weber et Schubert ont été les premiers compositeurs célèbres à s'exprimer dans le style dit «romantique». Dans ce type de musique, on aime raconter des histoires, évoquer la nature et les légendes du passé, créer une ambiance poétique par le choix des instruments qui vont jouer tel ou tel passage. Berlioz écrit son *Traité d'orchestration* et d'instrumentation* et Liszt invente le *poème symphonique**. On enflamme les cœurs avec des sentiments passionnés et des histoires d'amour, de guerre ou de fantômes se déroulant souvent au Moyen Âge, à l'époque des chevaliers et des châteaux forts. Les compositeurs romantiques aiment les extrêmes: certaines pièces courtes durent moins d'une minute, tandis que l'histoire de l'*Anneau du Nibelung* de Wagner est racontée en quatre opéras qui atteignent une durée totale de plus de quinze heures, sans compter les entractes! Les compositeurs romantiques vouent une admiration sans bornes à Beethoven qu'ils considèrent comme un des leurs. Pour eux, il est le modèle suprême.

Scène illustrant le prologue de l'opéra *L'anneau du Nibelung* (détail). Anonyme
[© Bettmann/Corbis/Magma]

Les compositeurs 35

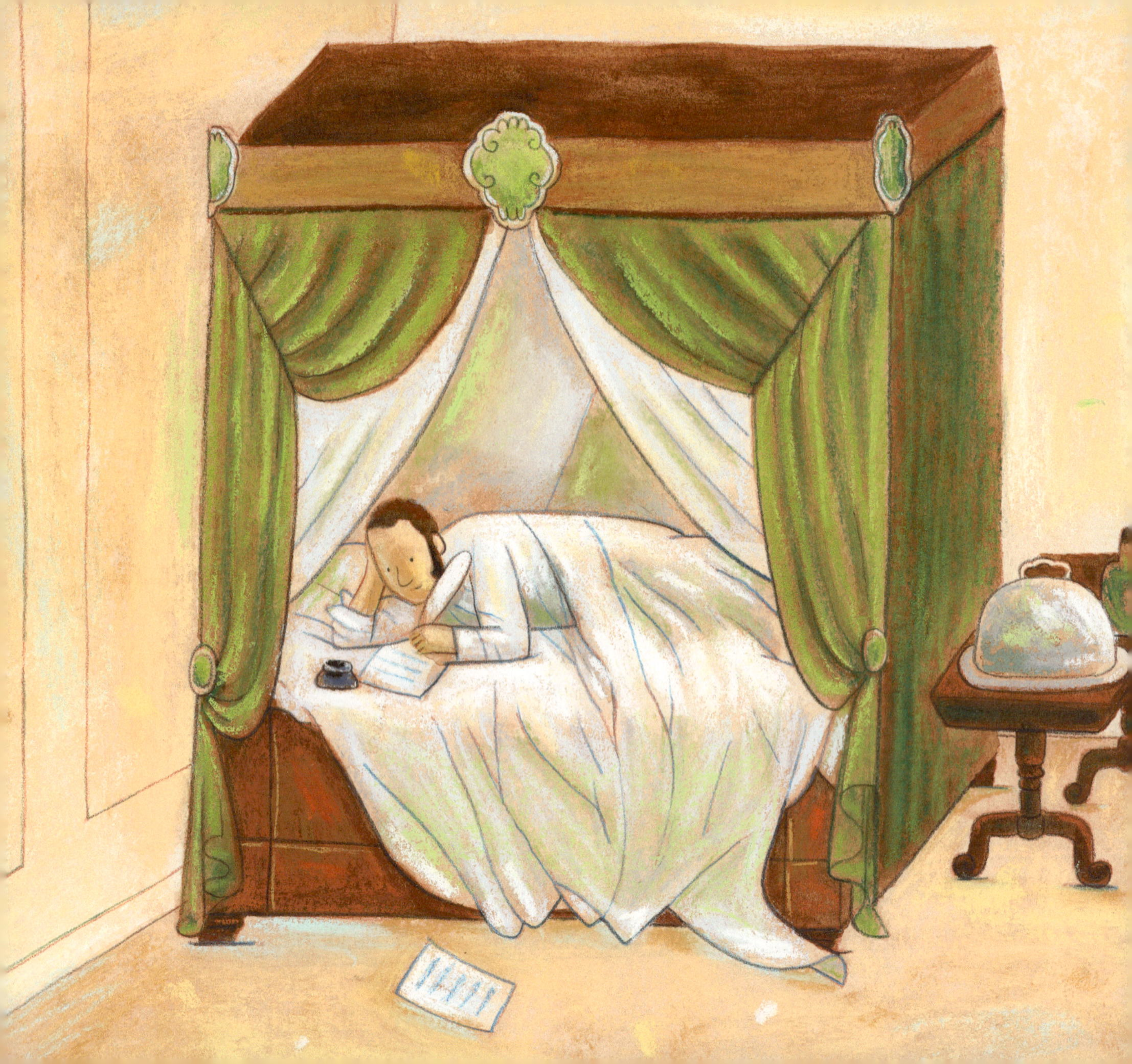

Gioachino Rossini (1792-1868)

Voilà un personnage vraiment original !
Déjà, sa naissance n'a pas été banale : Rossini est venu au monde en Italie un 29 février (ce qui est assez rare puisqu'il n'y a un 29 février qu'à tous les quatre ans). Son drôle de prénom se prononce « Djo-a-ki-no ». Habituellement, les Italiens écrivent ce prénom avec deux c, ainsi : « Gioacchino », mais Rossini, qui ne faisait jamais rien comme tout le monde, l'a toujours signé avec un seul c.

Rossini a composé de la musique de chambre, des pièces pour piano et un peu de musique religieuse, mais ce sont ses opéras qui l'ont rendu célèbre dans le monde entier. Pour lui, écrire de la musique était chose facile : la plupart des compositeurs mettent environ un an pour achever un opéra. Rossini, lui, a écrit *Le Barbier de Séville* en quinze jours à peine ! Pourtant, on le disait paresseux. On raconte qu'un jour, Rossini composait confortablement installé dans son lit lorsqu'un courant d'air fit tomber par terre une page qu'il avait presque terminée. Trop paresseux pour se lever et la ramasser, le maestro* a préféré la récrire au grand complet! Rossini était aussi un célèbre gourmand et gourmet. Pour lui, la cuisine était une chose presque aussi importante que la musique! Il a même inventé de nombreuses recettes dont la plus célèbre est le tournedos Rossini.

Le Barbier de Séville est un opéra bouffe*. Il s'agit de l'œuvre la plus connue de Rossini, véritable chef-d'œuvre pétillant d'esprit et de bonne humeur. On joue souvent en concert les ouvertures* de ses opéras. En plus de celle du *Barbier de Séville*, les ouvertures les plus célèbres de Rossini comprennent celles de *La Pie voleuse*, de *Cenerentola* («Cendrillon» en italien), de *Sémiramis* et de *Guillaume Tell*. L'action de *Guillaume Tell*, son dernier opéra, se déroule en Suisse, dans les Alpes. L'ouverture évoque tour à tour la beauté des paysages suisses, un orage impressionnant, le calme après la tempête et, enfin, une chevauchée héroïque des plus mémorables.

VIENNE, VILLE MUSICALE

Aujourd'hui comme autrefois, l'ambiance des rues de Vienne est très musicale : on y voit des musiciens partout, en train de jouer dans les parcs ou marchant avec leurs étuis pour se rendre à quelque répétition ou concert. Beaucoup de ces musiciens sont des professionnels mais pas tous. Lorsqu'ils vont à l'école, la plupart des Viennois apprennent à jouer d'un instrument ou à chanter, parfois même les deux ! Une fois adultes, des gens de tous métiers – banquiers, médecins, avocats, facteurs, pompiers, etc. – se réunissent souvent en famille ou entre amis pour faire de la musique. C'était d'ailleurs ainsi dans la famille de Franz Schubert.

Franz Joseph Haydn dirigeant un quatuor à cordes (détail) Anonyme (Museen der Stadt, Vienne, Autriche) [© Archivo Iconografico, S. A./Corbis/Magma]

Statue représentant Franz Schubert (détail) Anonyme (Stadtpark, Vienne, Autriche) [© Farrell Grehan/Corbis/Magma]

Les compositeurs

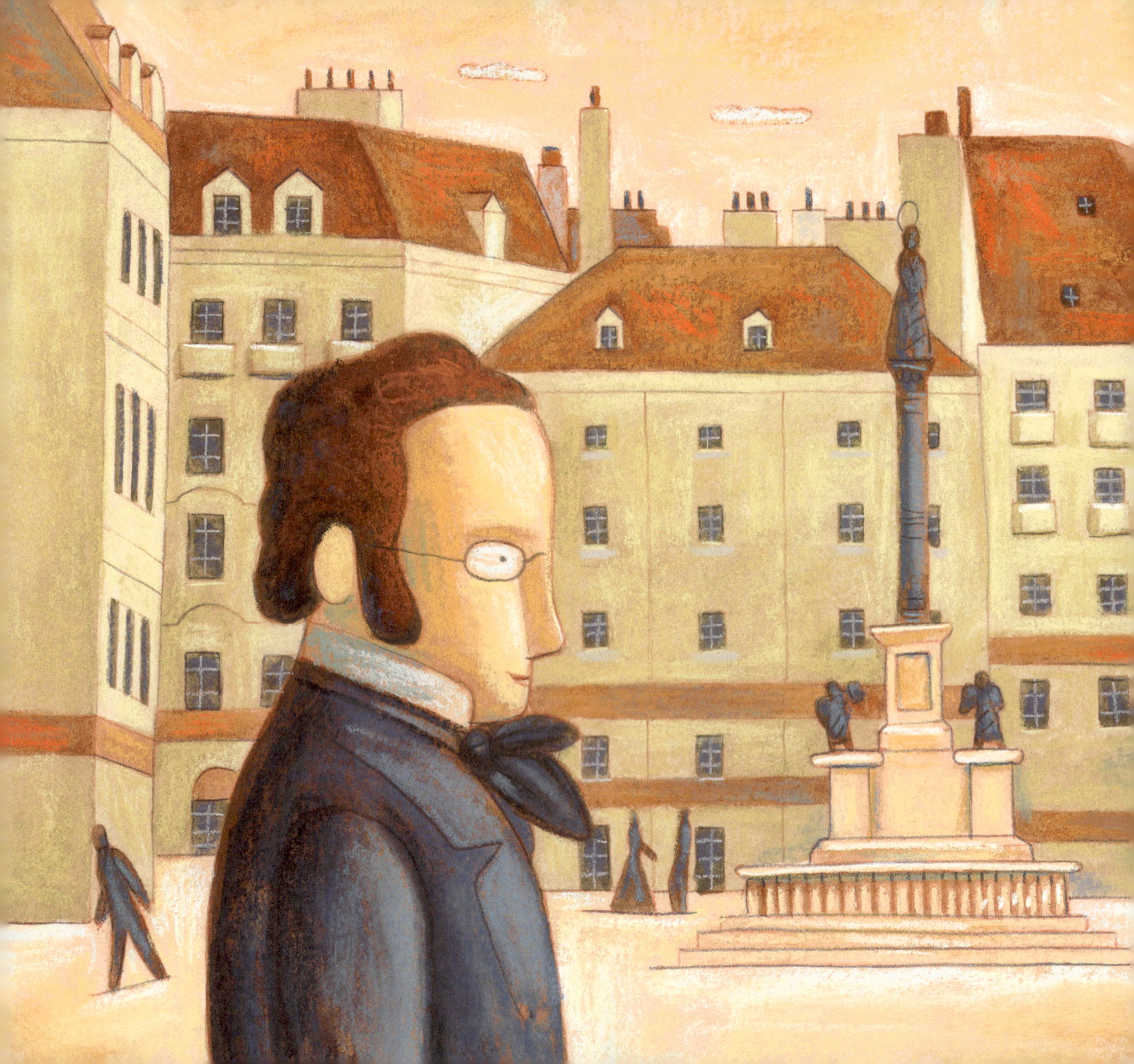

Franz Schubert (1797-1828)

Contrairement à Mozart, Haydn ou Beethoven, Schubert est un « vrai » Viennois. Il est né à Vienne et y a vécu toute sa vie. Son père était instituteur dans une école et il jouait du violoncelle dans ses temps libres. Papa Schubert souhaitait pour son fils un métier honorable, celui d'instituteur. Aussi a-t-il été furieux d'apprendre que Franz voulait être musicien et qu'il n'aimait pas l'enseignement. Après quelques conflits, le père dut s'incliner devant l'immense talent et la passion de son fils pour l'art musical.

Schubert était extraordinairement doué. À l'âge de dix-neuf ans, il avait déjà composé au-delà de 500 lieder*, cinq symphonies inspirées de Haydn et de Mozart, quatre messes*, quatre opéras et plusieurs quatuors. Schubert a étudié la composition avec Antonio Salieri (1750-1825), un Italien qui vivait à Vienne. Salieri était alors un professeur très réputé qui avait connu Mozart et qui avait aussi donné des cours à Beethoven.

Les compositeurs

Schubert avait le don d'inventer des mélodies d'une merveilleuse beauté. Son inspiration semblait sans fin. En général, le jeune Franz était plutôt timide mais il pouvait être un joyeux compagnon. Ses meilleurs amis, des musiciens, des chanteurs et des écrivains, organisaient souvent des soirées musicales qu'ils appelaient des « schubertiades », en son honneur ! Toute la compagnie se réunissait dans une taverne pour faire la fête, chanter des lieder et jouer les œuvres les plus récentes de Franz. Ce dernier tenait la partie de piano et, même, chantait d'une belle voix de baryton[*].

En 1828, Schubert est mort d'une terrible maladie. Il n'avait que trente et un ans et encore tant de choses à exprimer ! En héritage, il nous a laissé près de mille œuvres parmi les plus poétiques jamais composées.

Hector Berlioz (1803-1869)

Le compositeur français Hector Berlioz naquit non loin de Grenoble, dans une jolie petite ville nommée La Côte-Saint-André, située tout près des montagnes les plus élevées d'Europe : les Alpes. La plupart des œuvres de Berlioz porteront d'ailleurs la marque de ces paysages spectaculaires. Par exemple, il aime composer pour de très gros orchestres : avant lui, les symphonies de Beethoven faisaient appel à environ soixante-cinq musiciens, alors que Berlioz en exige quatre-vingt-neuf dans sa première symphonie, la *Symphonie fantastique*. Plus tard, dans un texte, il décrira en détail son orchestre de rêve : 467 musiciens ! La *Symphonie fantastique* a été composée en 1830, seulement trois ans après la mort de Beethoven. Berlioz avait alors à peine vingt-sept ans, ce qui est incroyable quand on considère toutes les idées nouvelles que renferme cette œuvre géniale et bouillonnante. Avec la *Fantastique*, Berlioz devient subitement le plus grand compositeur romantique français.

Comme tout bon romantique, Berlioz aimait la poésie autant que la nature. C'est son père qui lui a fait découvrir les œuvres des grands poètes du passé qu'il mettra en musique. Ainsi, l'opéra *Les Troyens* est tiré de *L'Énéide* du poète romain Virgile (de 70 à 19 avant Jésus-Christ); la symphonie dramatique *Roméo et Juliette* pour voix et orchestre reprend la pièce du même nom de Shakespeare (1564-1616); *La Damnation de Faust*, aussi pour voix et orchestre, est une adaptation de *Faust* de Goethe (1749-1832).

La Damnation de Faust raconte l'histoire du docteur Faust, un vieillard qui accepte un marché avec un démon du nom de Méphistophélès (ou Méphisto). Le diable accorde à Faust de retrouver la jeunesse, mais celui-ci devra ensuite aller en enfer pour toujours! Un épisode impressionnant de cette œuvre relate la *Course à l'abîme* : Faust et Méphisto, chacun monté sur un sinistre cheval noir, galopent dans la nuit, poursuivis par des monstres et des oiseaux géants. Faust est épouvanté! Leurs montures les entraînent tout droit vers un gouffre, qui n'est rien de moins que l'entrée de l'enfer! Lors des funérailles d'Hector Berlioz, il s'est passé quelque chose de troublant: les quatre chevaux de son corbillard se sont brusquement emballés et se mirent à galoper, tout seuls, sans cocher, disparaissant loin des regards médusés de la foule pour emporter le cercueil de Berlioz dans l'autre monde!

Félix Mendelssohn (1809-1847)

Peu de compositeurs ont connu une vie aussi heureuse que Félix Mendelssohn (détail amusant : en latin, « felix » signifie « heureux »). Son grand-père, Moses Mendelssohn, était un célèbre poète et philosophe juif. Son père, qui s'appelait Abraham, était un banquier prospère, et pas particulièrement religieux. Abraham s'est converti à la religion chrétienne afin d'assurer un meilleur avenir à ses enfants, car, malheureusement, bien des portes étaient fermées aux Juifs dans l'Allemagne de cette époque. En changeant de religion, Abraham a fait ajouter à son nom de famille celui de son beau-frère. C'est pourquoi le nom officiel du compositeur est Félix Mendelssohn-Bartholdy.

Les compositeurs

Les parents de Mendelssohn attachaient une grande importance à la musique et à la culture en général et Félix était très curieux. Avant même d'avoir atteint l'âge de dix ans, en plus de l'allemand, sa langue maternelle, il connaissait le latin, le grec ancien, le français, l'anglais et l'italien ! Par ailleurs, il était extrêmement doué pour le piano, la composition, la poésie, la natation, l'équitation et le dessin.

À quatorze ans, il avait déjà écrit plusieurs œuvres pour piano, de la musique de chambre, quatre concertos, cinq opéras et douze petites symphonies pour orchestre à cordes ! Ces œuvres ressemblent un peu à du Mozart et à du Beethoven. Mais c'est à seize ans qu'il trouve un langage musical bien à lui, avec un « son » reconnaissable et nouveau, une sorte de légèreté aérienne et transparente… Ce ton neuf apparaît dans son *Octuor* pour quatre violons, deux altos* et deux violoncelles, puis, deux ans plus tard, dans l'*Ouverture pour « Le Songe d'une nuit d'été »* pour orchestre.

Mendelssohn continue à beaucoup composer. Entre autres, cinq grandes symphonies, un magnifique *Concerto pour violon*, les très poétiques *Romances sans paroles* pour piano, des quatuors, des trios, etc. Il a aussi beaucoup voyagé, notamment en Écosse et en Italie (sa troisième symphonie s'appelle la *Symphonie écossaise* et sa quatrième, la *Symphonie italienne*). Il était très attaché à sa grande sœur Fanny (1805-1847), qui composait aussi, dans un style proche de celui de Félix. Malheureusement, elle est morte subitement à quarante-deux ans d'une embolie au cerveau. Cette mort a terriblement bouleversé Félix qui mourut du même mal six mois plus tard.

Frédéric Chopin (1810-1849)

Chopin a été le plus grand compositeur polonais et aussi l'un des plus extraordinaires pianistes de tous les temps. Son père, Nicolas Chopin, était un Français qui gagnait sa vie comme précepteur (c'est-à-dire professeur à domicile) chez un comte polonais. Frédéric était très petit lorsque ses parents ont remarqué ses incroyables dons musicaux. Il avait six ans lors de sa première leçon de piano et,

Les compositeurs

à douze ans, il a pris sa toute dernière ! Avec le temps, Chopin devint un pianiste réputé à travers l'Europe. Ses tournées l'ont d'abord mené en Autriche et en Allemagne, puis il se fixa à Paris. Sa manière de jouer était plus intime que celle de Liszt, et il avait un sens poétique sublime.

Chopin a été très apprécié des artistes de son temps. Lorsque Schumann l'a entendu jouer, il a écrit un article sur lui intitulé : « Chapeaux bas, messieurs, un génie ! ». Chopin a aussi fait la connaissance des compositeurs Mendelssohn, Rossini, Liszt et Berlioz, du grand peintre Delacroix et de plusieurs écrivains, dont Balzac.

Parmi les admirateurs de Chopin figurait une grande romancière française du nom d'Aurore Dupin, baronne Dudevant (1804-1876), qui deviendra sa compagne pendant plus de dix ans. C'était une personnalité haute en couleur. Elle aimait s'habiller en homme et elle signait ses livres avec un nom masculin : George Sand. D'ailleurs, tout le monde l'appelait ainsi. Chopin et elle ont vécu ensemble un grand amour. Pendant quelques années, ils sont allés vivre à Majorque, une île espagnole, en mer Méditerranée. Là-bas, Chopin a pu composer en paix, loin de la vie agitée de Paris, tandis que George Sand veillait sur lui.

Presque toutes ses œuvres sont de courtes pièces, très romantiques, destinées au piano. Parmi elles, plusieurs utilisent les rythmes de deux danses typiques de son pays natal. La première s'appelle la « polonaise » : assez lente et majestueuse, elle se dansait avant tout à la cour des rois de Pologne, à Varsovie. L'autre est la « mazurka », une danse campagnarde, plus rapide et joyeuse. Chopin a composé seize *Polonaises* et plus de soixante *Mazurkas*. Hélas, Chopin avait une santé fragile et il est mort à l'âge de trente-neuf ans.

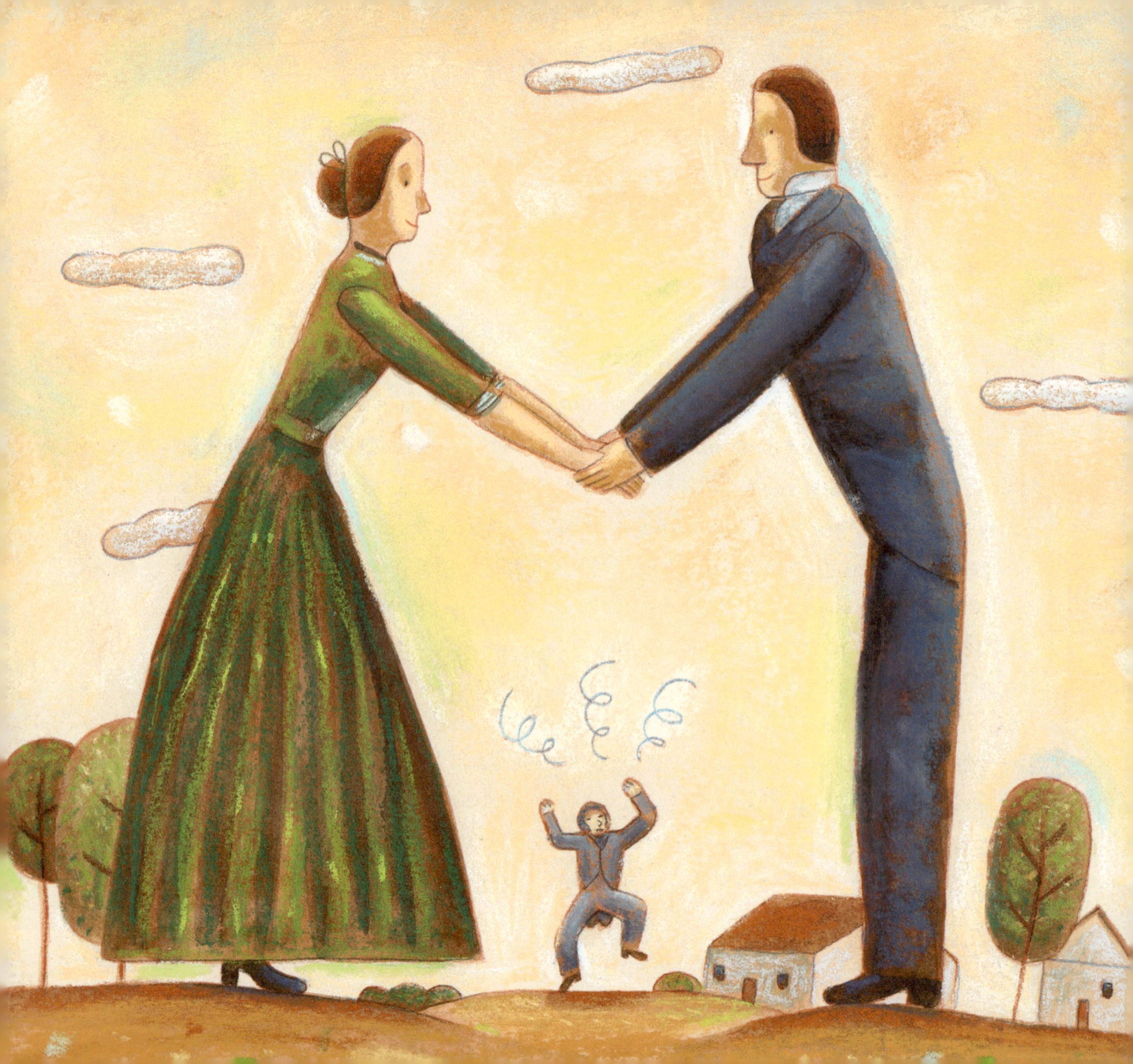

Robert Schumann (1810-1856)

Robert Schumann est né à Zwickau, en Allemagne. Enfant, il aimait passionnément la poésie et la musique. Un jour, il assiste au récital d'un extraordinaire pianiste nommé Moscheles. Il en est tout bouleversé et décide de devenir lui aussi un virtuose du piano. En 1828, l'année de ses dix-huit ans, Schumann s'installe à Leipzig où il devient l'élève du meilleur professeur de piano de la ville, Friedrich Wieck (ça se prononce « Frid-riche Vic »).

Chez son nouveau maître, Schumann remarque une fillette de neuf ans qui joue du piano avec une précision et une virtuosité étonnantes. C'est Clara Wieck, la fille de Friedrich, et aussi sa meilleure élève. Trois ans plus tard, Schumann est logé chez les Wieck où il est considéré comme un membre de la famille. Il progresse rapidement et compose déjà des pages splendides. Les années passent. Petit à petit, Clara et Robert tombent secrètement amoureux l'un de l'autre. Lorsqu'ils échangent leur premier baiser, en 1835, elle a seize ans, et lui, vingt-cinq.

▷ 13

Les compositeurs

Avec l'accord de Clara, Schumann demande sa main à son père, mais celui-ci, furieux, interdit à Schumann de la revoir ! Wieck devient comme fou, raconte partout que Robert est un ivrogne et un voyou et qu'il a attrapé toutes sortes d'affreuses maladies ! Bref, un véritable tissu de mensonges… C'est un drame pour Robert, et encore plus pour Clara, qui se sent trahie par son père. L'affaire s'envenime et on va jusque devant les tribunaux ! En 1840, Robert et Clara gagnent leur cause et ils peuvent enfin se marier ! Robert a trente ans, et Clara, vingt et un. Fou de joie, Schumann compose en quelques mois la première de ses quatre symphonies, une *Fantaisie* pour piano et orchestre et pas moins de 138 lieder pour chant et piano ! Robert et Clara sont restés unis jusqu'à la mort et ils ont eu huit enfants. Malheureusement, leur bonheur sera assombri par la maladie : Robert meurt à quarante-six ans de la suite de graves troubles nerveux.

Dans ses dernières années, avant que la maladie ne l'emporte, Schumann a eu la joie de connaître un brillant pianiste compositeur, alors dans la vingtaine, qu'il va aider dans sa jeune carrière. Son nom est Johannes Brahms. Après la mort de Robert, Clara et Brahms resteront grands amis. Toute sa vie, Clara jouera les œuvres de son mari et de Brahms, se dévouant à les faire connaître. Clara Schumann (1819-1896) avait elle-même un grand talent pour la composition. À quinze ans, elle avait écrit un superbe concerto pour piano. Elle a aussi laissé des lieder et un trio pour piano, violon et violoncelle.

Franz Liszt (1811-1886)

Comme Chopin, Liszt a été l'un des pianistes les plus prodigieux de l'histoire de la musique et l'un des plus grands compositeurs romantiques. Franz Liszt est né en Hongrie. Son père, excellent pianiste amateur, lui donne ses premières leçons à sept ans. Ses progrès sont fulgurants ! À neuf ans, il donne son premier récital dans sa ville natale. À douze ans, il joue à Vienne devant Beethoven qui, ému

▷ 32

Les compositeurs

devant tant de génie, lui baise le front. La même année, il fait représenter à Paris son unique opéra, *Don Sanche ou le château d'amour*, en plus de faire fureur comme pianiste. Acclamé partout en Europe, depuis l'Angleterre jusqu'en Russie, Liszt devient une légende. Son style flamboyant soulève les foules, un peu comme certaines stars rock d'aujourd'hui. Pour ses concerts, Liszt compose des centaines de pièces très difficiles pour piano. Parmi celles-ci, sa série de quinze *Rhapsodies** *hongroises*, basées sur des mélodies tziganes, sont devenues très célèbres. Après plusieurs années de tournées, Liszt est nommé chef d'orchestre à Weimar, en Allemagne. Il invente alors un nouveau genre musical: le poème symphonique. Liszt est aussi un grand ami de Wagner et un des premiers à apprécier sa musique. D'ailleurs, Cosima, sa fille, deviendra l'épouse de Wagner. Au cours de sa vieillesse, Liszt s'installe à Rome et devient religieux pendant quelques années. Il compose alors ses quatre dernières *Rhapsodies hongroises*, quelques autres œuvres pour piano ainsi que de la musique sacrée.

On fait souvent l'erreur de prononcer son nom «Litz», mais en fait, le «T» est à la fin, et ça se prononce «Liste».

Richard Wagner (1813-1883)

Il existe en Allemagne une région pittoresque qui s'appelle la Saxe dont les paysages de montagnes, de vallées et de plaines sont ornés de châteaux magnifiques et de palais somptueux. C'est dans cette région que se trouve Leipzig, une ville à l'activité musicale très intense. Bach, Mendelssohn, Schumann et Brahms y ont vécu, et Richard Wagner y est né.

▷ 12 • 35 • 37 • 39

Les compositeurs

Wagner était vraiment un personnage unique en son genre. Bien avant de s'intéresser à la musique, il s'est passionné pour le théâtre et la poésie. Dès son enfance, Wagner allait souvent voir des pièces de théâtre avec sa famille et adorait lire des poèmes de grands écrivains. Puis un beau jour, alors qu'il avait dix-sept ans, il assista à un concert : un grand orchestre symphonique, des chanteurs solistes et des chœurs interprétaient la *Symphonie n⁰ 9* de Beethoven. Bouleversé, Wagner décida sur-le-champ de devenir non seulement poète, mais aussi compositeur !

Wagner commence dès lors à étudier le piano et l'écriture musicale. Il est tellement doué et motivé que, trois ans plus tard, son professeur lui déclare qu'il n'a plus rien à lui apprendre ! Bientôt, il écrit des petites pièces pour piano, puis toute une symphonie avec ses quatre mouvements*. Mais comment être à la fois poète, homme de théâtre et compositeur ? Wagner trouve la solution : il se tourne vers l'opéra, autrement dit, le théâtre chanté.

Avec beaucoup d'imagination, Wagner invente un nouveau type d'opéra très spectaculaire mettant en scène des légendes anciennes, souvent peuplées de créatures fantastiques. Il se sert d'un énorme orchestre qui gronde et rugit, secoue et bouleverse. Son œuvre la plus gigantesque est une tétralogie (une série de quatre opéras) intitulée *L'Anneau du Nibelung* qui raconte – entre autres ! – l'histoire d'un Nibelung nommé Alberich (selon la légende, les Nibelungen sont des Nains barbus qui vivent sous terre, entassant de l'or et des pierres précieuses). Au début de cette gigantesque histoire, Alberich dérobe l'or du Rhin pour en forger un anneau aux pouvoirs magiques qui, espère-t-il, lui permettra de dominer le monde. Mais ses plans seront contrecarrés par une série d'obstacles : le dieu Wotan, les géants Fasolt et Fafner (qui se transformera en dragon) et le héros Siegfried s'empareront tour à tour de l'anneau maléfique. Le quatrième et dernier opéra de la tétralogie se termine par un gigantesque cataclysme qui voit la fin du règne des dieux et le début du monde de l'humanité. Cette histoire de Wagner est inspirée des mêmes mythes anciens que le livre *Le Seigneur des Anneaux* de Tolkien.

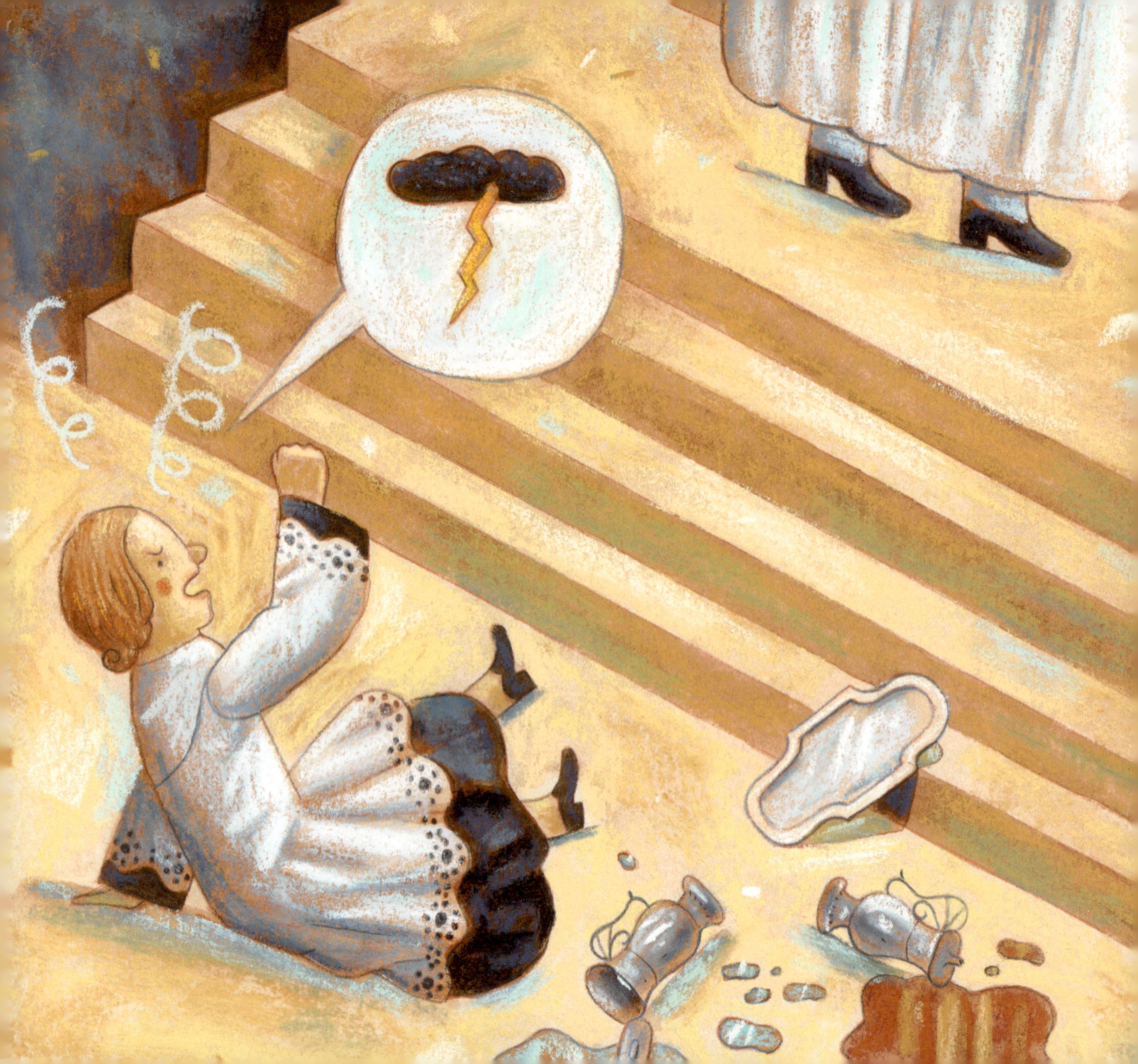

Giuseppe Verdi (1813-1901)

Verdi est né dans un petit village d'Italie appelé Le Roncole (il faut prononcer « Lé Ronn-colé »). Son goût pour la musique se développe très tôt. Bien avant d'aller à l'école, il passe des heures à écouter la fanfare du village ou le violoneux errant qui passe devant chez lui. À l'âge de sept ans, il adore servir la messe à l'église de son village à cause de la musique de l'orgue qui le transporte dans un autre monde. Un beau matin, il est tellement absorbé par la musique qu'il en oublie de donner les burettes d'eau et de vin au prêtre. Alors celui-ci, de colère, lui décoche un coup de pied qui l'envoie balader au pied des marches de l'autel ! Furieux, le petit Verdi s'écrie : « Que Dieu te foudroie ! » Eh bien, imaginez-vous que, plusieurs années plus tard, la foudre est tombée sur une église de la région, tuant cinq personnes. On dit que parmi elles se trouvait le prêtre, celui du coup de pied !

Les compositeurs

Puisque Giuseppe aime tant la musique, ses parents décident, à son grand bonheur, de lui faire prendre des leçons de piano et d'écriture musicale. Son rêve, c'est de devenir compositeur d'opéras. À cette époque-là, rien n'est plus populaire en Italie que l'opéra. C'est un peu comme, de nos jours, les sports ou le cinéma. Des compositeurs comme Rossini, Bellini et Donizetti sont alors de grandes vedettes. Jeunes ou vieux, riches ou pauvres, tous raffolent de l'opéra. Pour réaliser son rêve, Verdi devra aller étudier à Milan où se trouve la plus prestigieuse maison d'opéra de toute l'Italie, La Scala. Refusé au conservatoire* à cause, paraît-il, de la mauvaise position de ses mains sur le clavier du piano, il prend des leçons privées et finit par se faire remarquer par le directeur de La Scala. Enfin, en 1839, le premier de ses vingt-six opéras, *Oberto*, est joué avec succès dans le fameux théâtre. Mais en 1842, c'est son troisième opéra, *Nabucco*, qui fera sa gloire! Le lendemain de la première représentation, c'est la folie: tout Milan chante les airs de *Nabucco*, et Verdi devient très à la mode. On copie son *look* tandis que les restaurants servent des spaghetti « alla Verdi » ! Une véritable verdimanie ! Du jour au lendemain, Verdi devient célèbre à travers toute l'Italie, puis partout en Europe, depuis la France jusqu'à la Russie. Quant au conservatoire de Milan, on le rebaptisera « Conservatoire Giuseppe-Verdi » !

Verdi est considéré aujourd'hui comme un géant de l'opéra italien. Des titres comme *Rigoletto*, *La Traviata* ou *Aida* sont connus de tous. Ces opéras mettent en scène de nobles seigneurs aux prises avec des conflits politiques et familiaux, des histoires d'amour et de jalousie. La musique est tour à tour furieuse et emportée, puis tendre et chaleureuse. Les livrets* sont tirés des œuvres des plus grands écrivains comme William Shakespeare, Victor Hugo ou Friedrich Schiller.

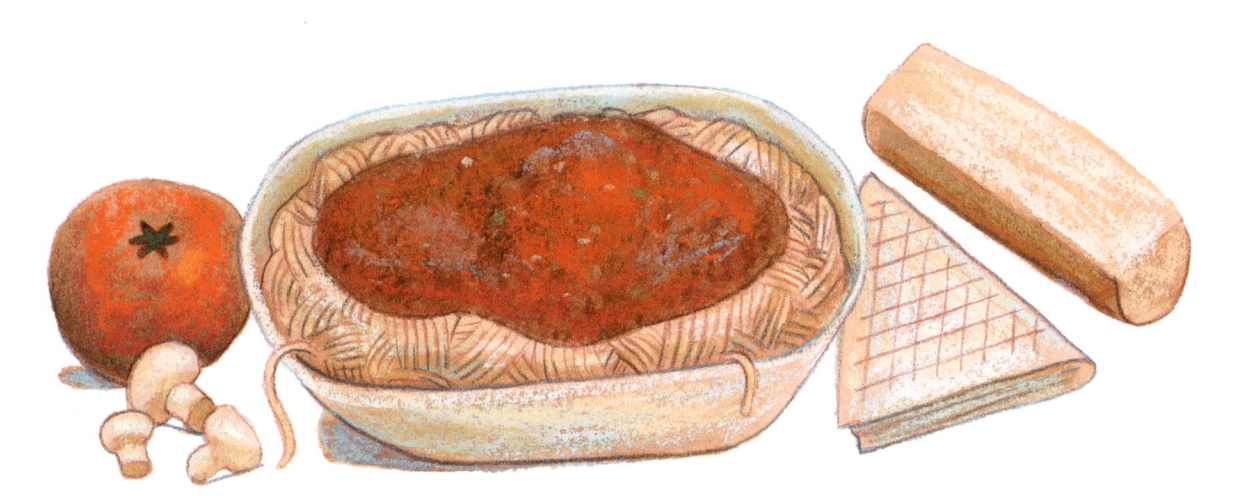

Les compositeurs

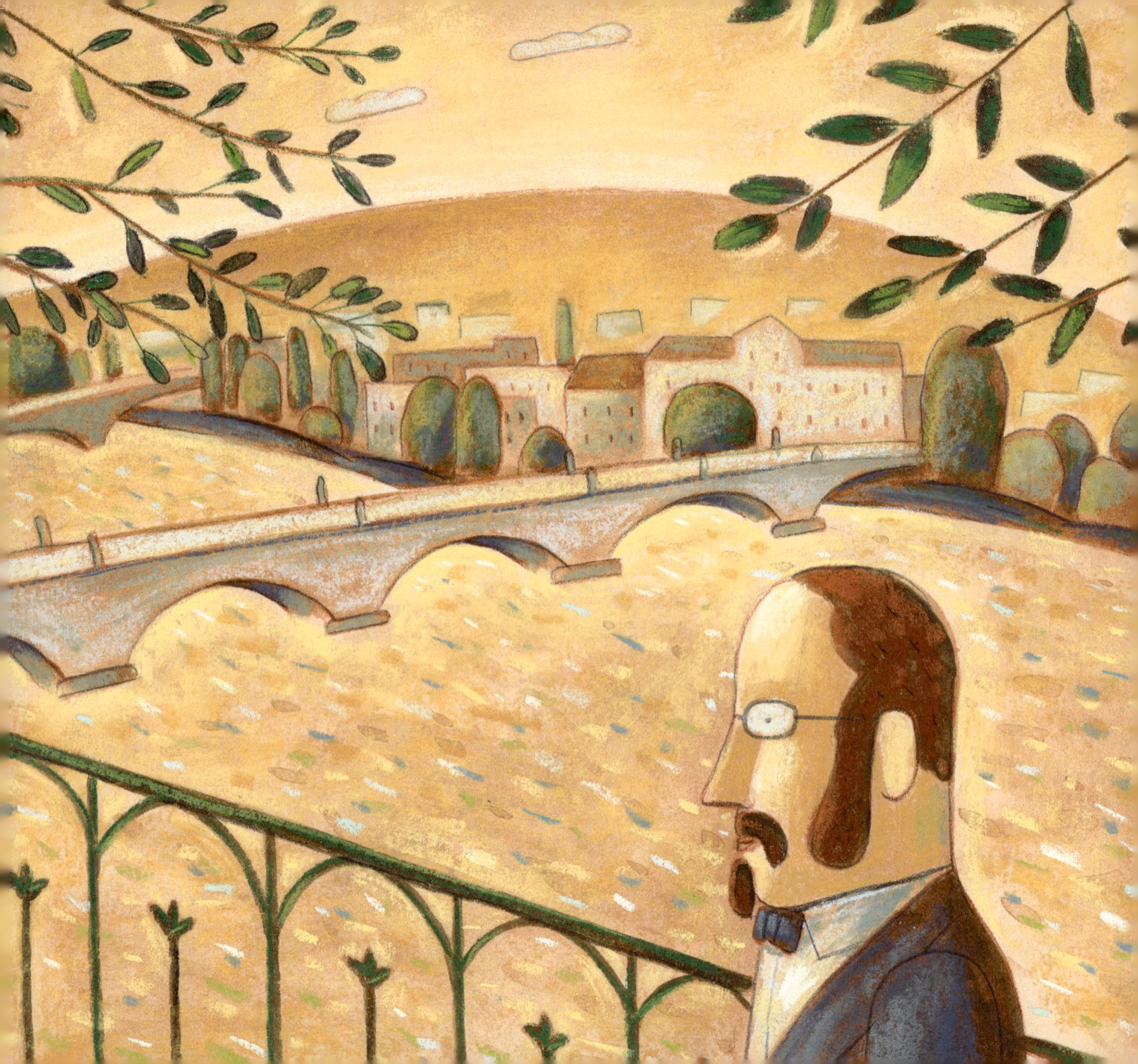

Bedrich Smetana (1824-1884)

Tout dans l'œuvre de cet illustre représentant de la musique tchèque évoque la richesse du folklore de son pays ainsi que la splendeur de ses paysages. Smetana a composé une série de six poèmes symphoniques qu'il a réunis sous le titre de *Má Vlast*, ce qui veut dire « Ma Patrie » en tchèque. Ces six pièces traduisent en musique plusieurs aspects de la Bohême : beauté de la nature, héros de l'histoire tchèque et légendes anciennes. Les six poèmes sont : *Vysehrad* (c'est le nom d'une forteresse, près de Prague, où ont eu lieu des actions héroïques), *Vltava*, appelé aussi *La Moldau* (évocation de la rivière qui traverse Prague), *Sarka* (l'histoire légendaire d'une farouche guerrière tchèque), *Par les prés et les bois de Bohême* (évocation de la nature), *Tábor* (un camp de guerriers du Moyen Âge) et *Blaník* (c'est une montagne percée de cavernes abritant, selon la légende, une armée de valeureux soldats). Smetana a aussi écrit des opéras et de la musique instrumentale.

Les compositeurs

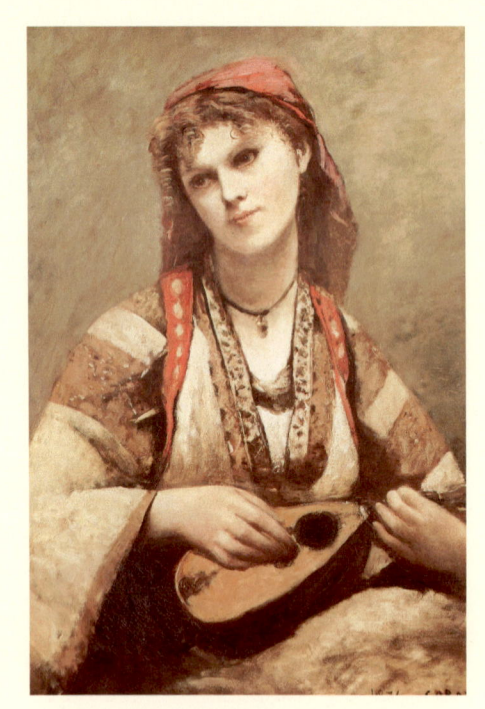

La gitane à la mandoline (détail)
Camille Corot, 1874 (Museu de Arte, Sao Paulo, Brésil)
[© Archivo Iconografico, S. A./Corbis/Magma]

LE PEUPLE DES ROMS

Les Tziganes font partie du peuple rom, des nomades partis du nord de l'Inde il y a environ 1000 ans. Les Roms sont surtout artisans, musiciens et danseurs. Très pacifiques, ils ne cherchaient pas à envahir des territoires mais plutôt à installer leurs campements là où on le leur permettait. Au fil des siècles, certains ont abouti en Hongrie et en Roumanie, d'autres en Russie et en Bohême, d'autres encore sont passés par l'Égypte pour arriver jusqu'en Espagne, en France et en Angleterre. Selon les pays d'accueil, on leur a donné divers noms : Tziganes, Gitans, Gypsies (en anglais), Bohémiens, Manouches ou Romanichels. Dans l'album de Tintin *Les*

Bijoux de la Castafiore, Hergé nous présente un campement tzigane.

Les musiciens roms chantent et jouent de leurs instruments avec beaucoup de passion, de nostalgie et de panache. Ce sont aussi d'extraordinaires virtuoses capables d'improviser de façon éblouissante. Partout où ils vont, les Roms exécutent à leur manière les danses et chants folkloriques des pays où ils s'installent en utilisant les instruments qu'ils y découvrent. En Hongrie, par exemple, les Tziganes jouent surtout du violon, de la clarinette, de la contrebasse et un instrument hongrois qui s'appelle le cymbalum (un instrument à cordes qu'on frappe avec des baguettes, un peu comme on frappe un xylophone). Les Roms d'Espagne, appelés les Gitans, chantent en jouant de la guitare, des castagnettes et du tambourin. Leur musique s'appelle le flamenco. Le très beau film *Latcho Drom* montre des Roms de différents pays jouant leur musique. « Latcho drom » signifie « bonne route » en langue romanesh (la langue des Roms).

Le violoniste bohémien Josef Lendvay et son fils jouant ensemble (détail) 1995 (Lac Balaton, Hongrie) [© Barry Lewis/Corbis /Magma]

Les compositeurs

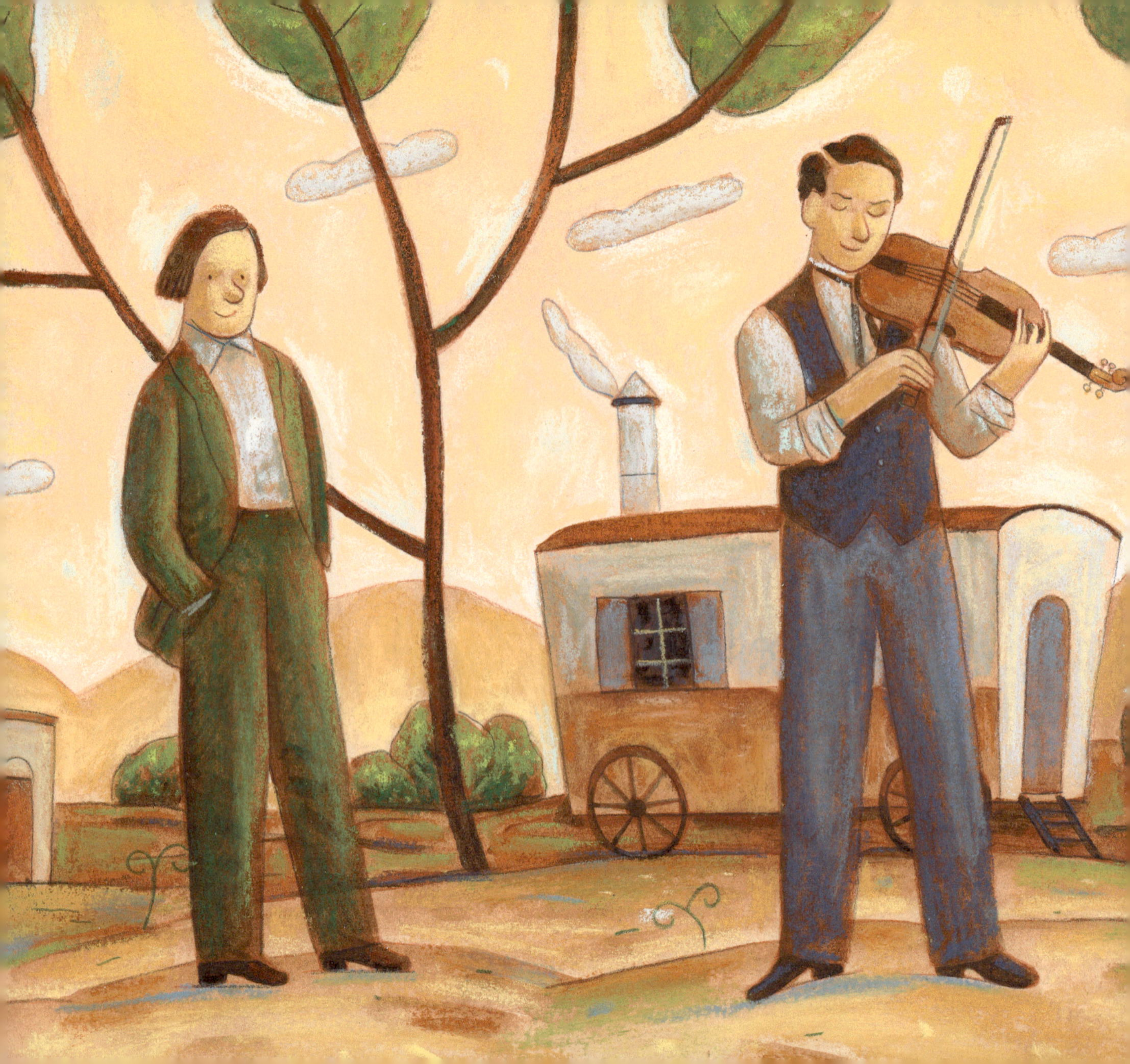

Johannes Brahms (1833-1897)

et la musique tzigane

Tout à fait au nord de l'Allemagne se trouve la grande cité de Hambourg où habitent les Hambourgeois (en allemand, la ville s'appelle Hamburg et ses habitants les Hamburger!). Vers 1848, une guerre faisait rage en Hongrie. De nombreux Hongrois quittaient leur pays pour chercher refuge et plusieurs d'entre eux sont allés s'installer à Hambourg. Ils aimaient se réunir pour jouer la musique des Tziganes de leur pays et c'est ainsi qu'ils l'ont fait connaître aux Hambourgeois. À cette époque vivait à Hambourg un jeune pianiste prodigieux qui s'appelait Johannes Brahms (il faut prononcer « io-ann-ess »). Ce jeune virtuose, qui avait alors quinze ans, fit la connaissance d'un violoniste hongrois âgé de vingt ans, du nom de Reményi. Grâce à lui, Brahms eut la révélation de la musique tzigane qu'il trouva passionnante et, ensemble, ils donnèrent des récitals à travers l'Allemagne.

▷ 17 • 20 • 45

Les compositeurs

Des années plus tard, Brahms est devenu l'un des compositeurs allemands les plus importants de son temps et s'est installé à Vienne. Il a écrit quatre symphonies, des concertos, des lieder, des sonates et plusieurs autres œuvres d'une beauté noble et énergique, parfois mélancoliques ou grandioses. Brahms admirait profondément les grands maîtres du passé comme Beethoven, Bach et Haendel, mais il n'oublia jamais la musique des Tziganes de Hongrie. Sa série de vingt et une *Danses hongroises* cite d'ailleurs un grand nombre de mélodies tziganes authentiques. On les joue le plus souvent dans une version pour orchestre symphonique, mais à l'origine, Brahms les avait écrites pour piano à quatre mains (ce n'est évidemment pas l'instrument qui a quatre mains – les pianos n'ont que des pieds, après tout –, mais c'est une façon de dire que ce sont deux pianistes qui jouent ensemble sur le même instrument, en se partageant le clavier).

Camille Saint-Saëns (1835-1921)

Ce célèbre compositeur français a été un enfant prodige : il composait déjà à cinq ans, comme Mozart ! Saint-Saëns (on prononce «Saint-Sens») a écrit douze opéras, trois symphonies, dix concertos, des poèmes symphoniques et plusieurs autres partitions. La *Danse macabre* est l'une de ses œuvres les plus connues. C'est un poème symphonique qui évoque un bal endiablé de fantômes, mené par un squelette qui joue du violon ! *Samson et Dalila*, l'opéra le plus célèbre de Saint-Saëns, est joué dans le monde entier. La dernière scène est vraiment spectaculaire : le héros Samson, prisonnier des Philistins, est enchaîné aux colonnes du temple de Dagon. Par sa force surhumaine, il ébranle les colonnes et le temple s'écroule ! La *Symphonie n° 3* est très impressionnante à cause du grand orgue d'église qui s'ajoute à l'orchestre. *Le Carnaval des animaux* est une «fantaisie zoologique», pleine d'humour et de poésie.

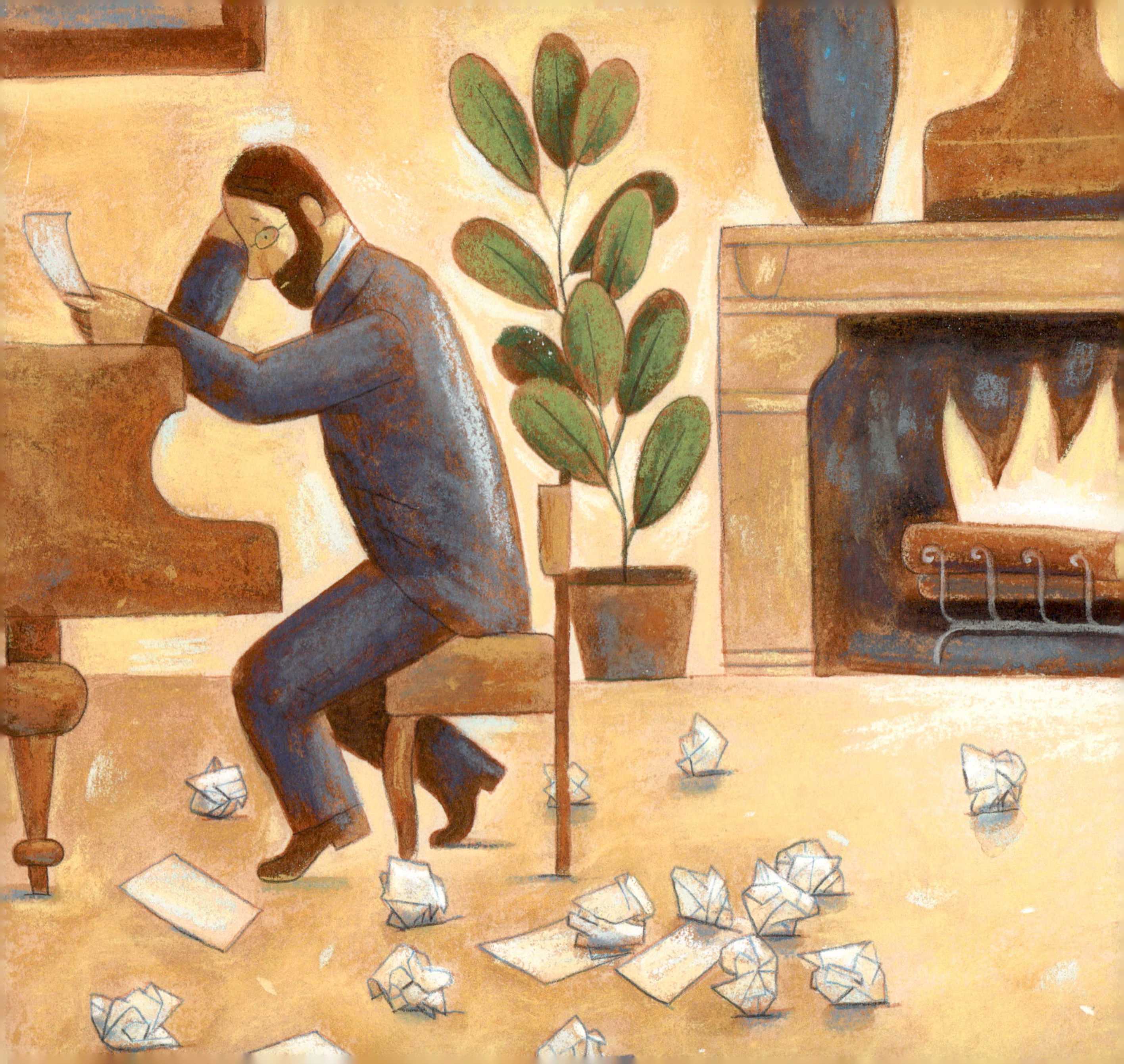

Georges Bizet (1838-1875)

Georges Bizet est né à Paris dans une famille de musiciens. Lorsqu'il a atteint l'âge de quatre ans, son père lui donna ses premières leçons de musique. Grâce à ses dons exceptionnels, ses progrès ont été très rapides et, à dix-sept ans, il a composé une très belle symphonie dans le style de Beethoven. Au Conservatoire de Paris, il a pu étudier avec Charles Gounod (1818-1893), auteur de l'opéra *Faust*, qui était alors considéré comme le plus grand compositeur d'opéra en France. Avec le temps, Bizet devient à son tour un excellent compositeur, riche d'idées nouvelles. Malheureusement, ses idées sont souvent mal reçues et ses œuvres ne sont pas appréciées. Bizet, qui est peu sûr de lui, accepte mal ces échecs. Il doute tellement de son talent qu'il abandonne souvent ses compositions avant de les compléter. Pire encore, il lui arrive de détruire ses opéras achevés lorsqu'ils sont refusés par un directeur de théâtre ! En mars 1875, la première de *Carmen* a lieu à Paris. L'action de cet opéra se déroule en Espagne : c'est l'histoire tragique d'un soldat amoureux d'une belle Gitane. La musique de Bizet est vraiment entraînante, avec des rythmes de danses espagnoles et des airs inoubliables. Pourtant, la première de *Carmen* a été un échec retentissant ! Terriblement affecté, Bizet fut victime d'une crise cardiaque qui entraîna sa mort le 3 juin. Il n'avait que trente-sept ans ! Quatre mois plus tard, *Carmen* est représenté à Vienne et, cette fois, c'est un grand triomphe. Depuis, *Carmen* est devenu l'un des opéras les plus populaires de tous les temps ! Quel dommage que Bizet n'ait pas été témoin de son immense succès…

Piotr Ilyitch Tchaïkovski (1840-1893)

Parmi les grands compositeurs, Tchaïkovski est certainement l'un des plus enchanteurs. Il possédait l'art de façonner des mélodies inoubliables qui ont conquis le cœur des mélomanes du monde entier. Ainsi, il suffit d'entendre une seule fois le début de son *Concerto pour piano n° 1* pour qu'il demeure à jamais gravé dans nos mémoires.

Les compositeurs

Parmi ses œuvres les plus magiques figurent ses trois ballets, *Le Lac des cygnes* (composé en 1876), *La Belle au bois dormant* (1890) et enfin le plus connu, *Casse-Noisette* (1892). Ces ballets sont en fait des contes, traités comme du théâtre mimé et dansé, avec des décors multicolores et des costumes féeriques. Assister à une représentation de *Casse-Noisette*, par exemple, c'est un peu comme aller voir un film où l'histoire est dansée au lieu d'être jouée par des acteurs. Les pas et les mouvements d'un spectacle de ballet sont planifiés par un chorégraphe (on prononce «korégrafe»), une sorte de metteur en scène pour la danse. Le chorégraphe qui a travaillé avec Tchaïkovski à la première de *La Belle au bois dormant* et de *Casse-Noisette* était une grande vedette en Russie. Il venait de France et portait un nom qui allait bien avec son métier: Marius Petipa!

Tchaïkovski n'a pas composé que des ballets. Nous avons déjà parlé de son premier concerto pour piano (il y en a trois). Il a écrit aussi un *Concerto pour violon* qui regorge de mélodies chaleureuses chantant le bonheur de vivre. Dans le troisième mouvement de cette œuvre, Tchaïkovski nous entraîne dans un *trépak*, une danse cosaque endiablée. Il a aussi composé dix opéras, six symphonies, des œuvres pour orchestre comme *Roméo et Juliette* ou la *Marche slave*, des mélodies pour chant et piano, de la musique de chambre, des chœurs religieux d'une grande beauté et de gracieuses pièces pour piano, dont plusieurs à l'intention des enfants.

La musique de Tchaïkovski n'est pas toujours joyeuse. Dans certaines pages comme sa sixième symphonie appelée la *Pathétique*, elle traduit une profonde tristesse, et même du désespoir. Mais qu'elle exprime la peine ou le bonheur, la musique de Tchaïkovski reflète toujours l'âme profonde du peuple russe, avec sa sensibilité propre, ses difficultés et aussi ses fêtes.

LA MUSIQUE SLAVE

Les Russes, les Polonais et les Tchèques font partie des peuples slaves. Ils parlent des langues qui se ressemblent et qui descendent toutes d'un même langage, très ancien, qu'on appelle le «vieux-slavon», ou «langue glagolitique». Parmi les peuples slaves, il y a aussi les Slovaques, les Ukrainiens, les Biélorusses, les Bulgares, les Serbes et quelques autres. Les chants et danses folkloriques de ces peuples sont très entraînants et contiennent souvent des phrases musicales courtes et rapides, joyeusement répétées.

Danseurs du Matusz Polish Dance Circle en costumes traditionnels (détail) ca 1992 (Polish Festival, Garden State Arts Center, Holmdel, New Jersey, États-Unis)
[© Kelly-Mooney Photography/Corbis/Magma]

Les Tchèques vivent en Bohême et en Moravie, deux régions juste au nord de l'Autriche, qui, ensemble, forment un pays, la République tchèque. La capitale de ce pays est Prague, une des plus belles villes d'Europe et une des plus musicales. La musique tchèque est d'une prodigieuse richesse. C'est là qu'est née la polka, une des danses préférées en Europe au XIXe siècle, avec la valse viennoise. Il existe aussi d'autres belles danses comme le furiant, très rapide, la skočna endiablée et la mélancolique sousedska. Les grands compositeurs tchèques s'inspirèrent de ces danses et aussi des paysages et légendes de leur pays. Smetana, Dvořák, Janáček, Suk et Martinů sont les plus connus.

Scène de danse (détail) George Wekler, XIXᵉ siècle (Mosaïque, Collection privée D. Petochi) [© Araldo de Luca/Corbis/Magma]

La Pologne est le pays de la mazurka et de la polonaise (bien sûr!). À part Chopin, bien entendu, Szymanowsky, Lutoslawski, Penderecki et Gorecki sont les compositeurs polonais les plus connus des mélomanes.

La danse russe la plus célèbre est le trépak, dansé surtout par les cosaques des steppes russes, avec leurs beaux costumes. Les Russes aiment aussi chanter en chœurs, accompagnés par des accordéons et des balalaïkas, sortes de petites guitares triangulaires à quatre cordes. La musique classique russe s'inspire du folklore, mais aussi des magnifiques chœurs de l'Église chrétienne orthodoxe de Russie. Les plus célèbres compositeurs russes sont Glinka, Tchaïkovski, Moussorgski, Rimski-Korsakov, Prokofiev, Chostakovitch et Stravinski.

Les compositeurs

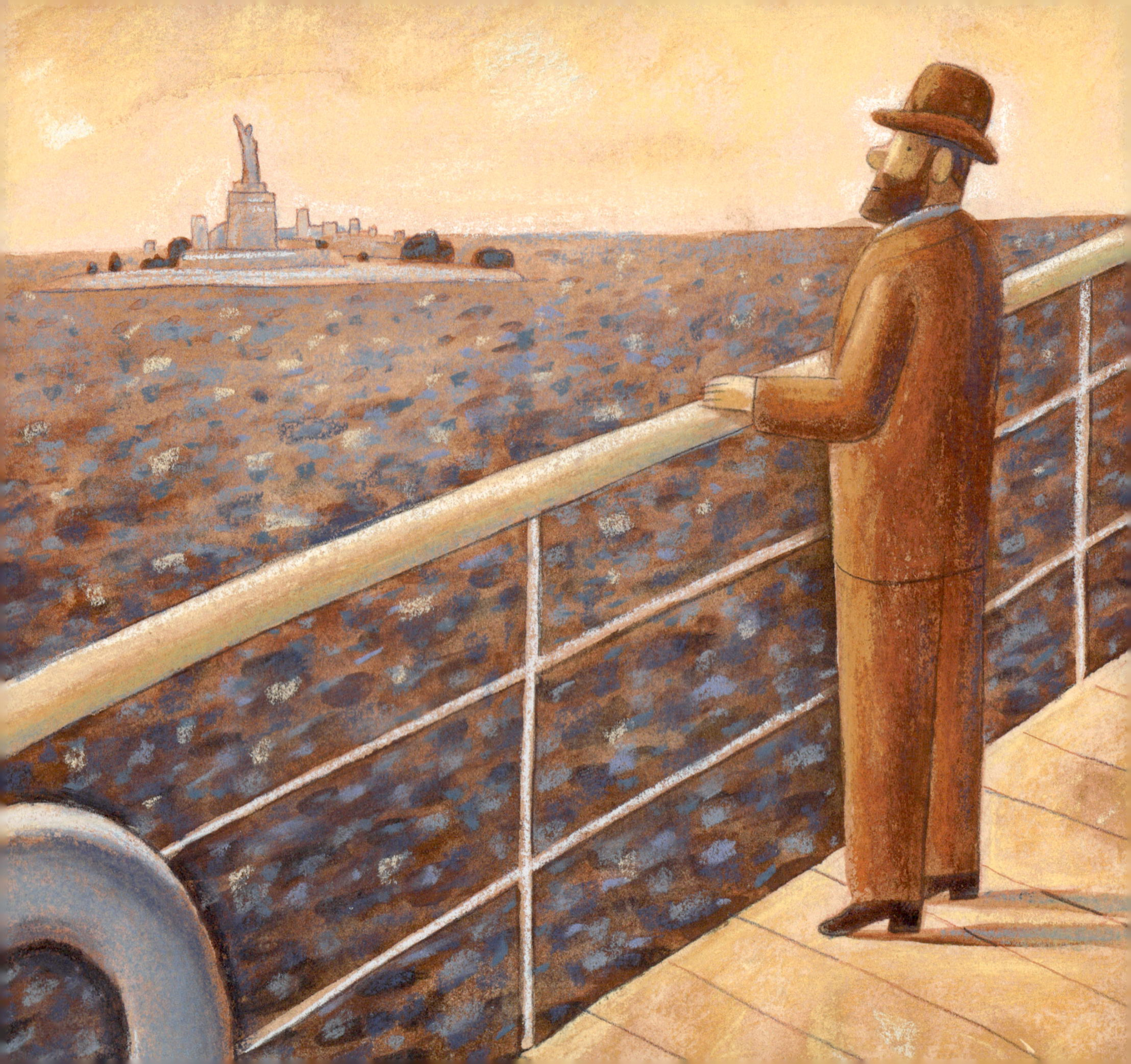

Antonín Dvořák (1841-1904)

Chantre de la Bohême

Antonín Dvořák (on prononce «Dvorjak») est né dans le village de Nelahozeves, non loin de Prague. Son père était l'aubergiste et le boucher du village. Il était aussi très habile au violon, et a même composé des airs de danse. C'est lui qui donne à son fils ses premières leçons de musique. À vingt et un ans, Antonín devient membre de l'orchestre du Théâtre de Prague et compose ses premières symphonies. Quelques années plus tard, Dvořák se rend à Vienne où il fait la connaissance de Johannes Brahms, déjà très célèbre à cette époque. Cette rencontre sera importante : Brahms aime tellement les œuvres de son confrère qu'il le recommande à son éditeur[*], et c'est ainsi que la carrière de Dvořák est vraiment lancée.

Le goût des danses villageoises, hérité de son père, va demeurer bien vivant chez Dvořák, au point qu'il parsème ses symphonies, concertos, quatuors et opéras d'échos folkloriques. Ses seize *Danses slaves* remportent d'ailleurs un succès phénoménal.

Dvořák est acclamé non seulement en Bohême, mais partout en Europe, et ses tournées l'amènent depuis l'Angleterre jusqu'en Russie où il est invité par Tchaïkovski en personne. Il adore voyager ainsi et, en particulier, il est fasciné par les trains, surtout les locomotives: même quand il ne voyage pas, il va flâner des heures durant à la gare de Prague pour les observer!

Dvořák est au sommet de la gloire lorsqu'il est invité à devenir le directeur du Conservatoire de New York! Il y passera trois ans, de 1892 à 1895. C'est là qu'il compose sa *Symphonie n⁰ 9*, *« Du Nouveau Monde »*, son œuvre la plus jouée. Lorsqu'on l'entend, on ressent l'émerveillement qu'a vécu Dvořák en découvrant l'Ouest américain où il a assisté à des spectacles de danses amérindiennes. Parfois, la musique rappelle même celle des films de cow-boy (il faut dire que les compositeurs des musiques de ces films ont volontairement imité le style de Dvořák). Alors qu'il se trouvait encore en Amérique, Dvořák écrit son extraordinaire *Concerto pour violoncelle*. Après l'avoir terminé, il apprend une mauvaise nouvelle: sa belle-sœur Josefina, dont il avait jadis été très amoureux, est morte. En souvenir de son amour de jeunesse, il modifie la fin de son concerto pour y inclure une brève et bouleversante mélodie jouée au violon, comme une envolée vers le paradis.

Edvard Grieg (1843-1907)

Edvard Grieg est né à Bergen, en Norvège. C'est d'abord sa mère qui lui enseigne le piano, puis, à quinze ans, il part étudier à Leipzig, en Allemagne. Là-bas, il entend pour la première fois de la musique de Schumann, qu'il aime aussitôt. Il reste à Leipzig pendant quelques années et devient non seulement un grand compositeur, mais aussi un excellent pianiste et chef d'orchestre. Sa musique possède une joyeuse saveur folklorique qui enchante l'oreille. Il a notamment composé un brillant concerto pour piano qui est très célèbre. Parmi ses plus belles œuvres, on compte également ses soixante-six *Pièces lyriques* pour piano, et sa musique de scène pour *Peer Gynt* (ça se prononce Père Gunn't, avec un « u » comme dans « lagune »).

Peer Gynt raconte la vie de… Peer Gynt (eh oui !), un jeune homme costaud, naïf et parfois un peu bête, qui vit toutes sortes d'aventures abracadabrantes. Au début de l'histoire, il a vingt ans et il quitte son village en emmenant de force une jeune fille, le jour même où elle devait se marier ! Comme elle ne veut pas de lui, il finit par la rejeter. Entre-temps, il est banni de son village, ce qui veut dire qu'il ne peut plus rentrer chez lui. Au cours de ses aventures, il sera poursuivi par des Trolls, il deviendra un riche homme d'affaires, il sera enfermé dans un asile de fous, il se retrouvera dans le désert où il sera pris pour un prophète, il fera naufrage, et j'en passe ! Avec les années, il finira par trouver la sagesse et, devenu un vieil homme, il rentrera dans son village. Il sera ému d'y retrouver Solveig, une femme qui, amoureuse de lui, l'a attendu toute sa vie…

LES TROLLS

Dans certaines légendes scandinaves, les trolls sont des sortes de géants bêtes et méchants, dans d'autres, ils sont plutôt petits comme des lutins, mais quand même assez lourdauds.

Nikolaï Rimski-Korsakov (1844-1908)

et le groupe des Cinq

Vers 1860, cinq compositeurs russes décident de former un groupe afin de promouvoir un langage musical typique, imprégné du folklore de leur pays. Parmi eux, Cui et Balakirev sont les moins connus. Presque oublié de nos jours, César Cui (1835-1918) est celui qui a eu l'idée de fonder le groupe. Mili Balakirev (1837-1910) est l'auteur d'*Islamey*, une des pièces pour piano les plus séduisantes et les plus difficiles qui soient.

▷ 33

Les compositeurs

Beaucoup plus connus sont Borodine, Moussorgski et Rimski-Korsakov. Alexandre Borodine (1833-1887) a peu composé. Il a d'abord été médecin militaire, mais, comme il avait peur du sang, il a décidé de se faire chimiste ! Son opéra *Le Prince Igor* est l'un de ses chefs-d'œuvre. L'action se déroule au Moyen Âge, à l'époque où les Russes s'emparaient de vastes territoires en Asie centrale. Modest Moussorgski (1839-1881) avait le don de créer des atmosphères impressionnantes comme dans *Une nuit sur le mont Chauve*, une œuvre qui évoque les puissances infernales. Son opéra *Boris Godounov* relate l'histoire d'un tsar (empereur russe) qui a réellement existé et qui a régné de 1598 à 1605. La scène du couronnement de Boris Godounov, sur la place du Kremlin à Moscou, est spectaculaire avec ses volées de cloches et les acclamations de la foule en délire.

Nikolaï Rimski-Korsakov (1844-1908) est celui des Cinq qui a le plus composé. On dit de lui qu'il était un maître orchestrateur. Il a d'ailleurs écrit un important *Traité d'orchestration*. Dans *Schéhérazade*, une pièce pour orchestre en quatre parties, il traduit en musique l'ambiance magique des *Contes des mille et une nuits* : à Bagdad, le sultan Chahriar avait la très mauvaise habitude de faire mettre à mort chacune de ses épouses au matin de la nuit de noces. Mais Schéhérazade, sa dernière épouse (représentée par un magnifique solo de violon), lui raconte une histoire tellement captivante que le lendemain matin, le sultan décide de lui laisser la vie sauve un jour de plus. La nuit suivante, elle recommence, et ainsi de suite pendant mille et une nuits. Au 1001[e] matin, le sultan la gracie pour toujours. La musique évoque magistralement les décors et l'action de quelques-uns des contes : fêtes à Bagdad la Magnifique, scènes de batailles, naufrage en mer et apparition du Rock, l'oiseau géant des légendes arabes.

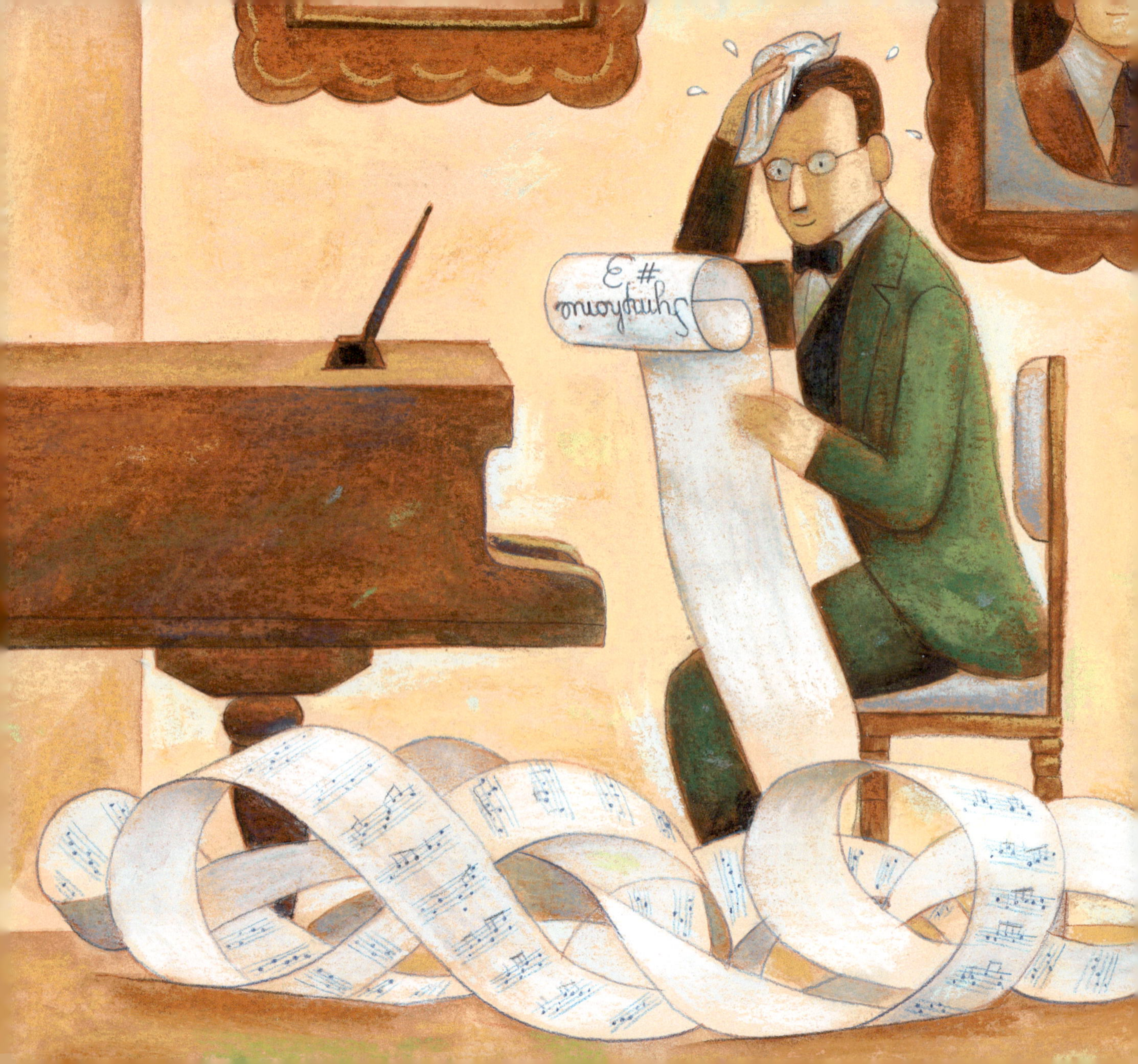
Symphonie #3

Anton Bruckner (1824-1896)
et Gustav Mahler (1860-1911)

Ces deux compositeurs ont bien des points en commun. En voici quelques-uns. Ils sont Autrichiens et ils sont nés dans de petits villages. Ils ont composé onze symphonies mais ils sont morts avant de terminer leur dernière symphonie. Ils aimaient utiliser des orchestres énormes (plus de cent musiciens la plupart du temps) et leurs symphonies sont très longues (entre une heure et plus d'une heure et demie chacune). Ils admiraient profondément Beethoven, Schubert, Mendelssohn, Schumann et Wagner, et cela s'entend dans leur musique. Dans certains mouvements de leurs symphonies, ils emploient des rythmes dansants tirés du folklore.

Mais il y a de grandes différences entre les deux. Bruckner était organiste et Mahler était chef d'orchestre. Dans ses symphonies, Bruckner respecte le plan traditionnel en quatre mouvements; Mahler, au contraire, aime innover: sa *Symphonie nº 3*, par exemple, comporte six mouvements alors que sa *Symphonie nº 8* n'en compte que deux.

L'ÉPOQUE MODERNE

À la fin du XIXe siècle, plusieurs styles différents vont se développer dans le prolongement du langage romantique. Ces styles portent souvent des noms qui se terminent par «isme». Parmi eux, il y a l'impressionnisme, le postromantisme, le vérisme, le néoclassicisme et la musique atonale. Il arrive souvent qu'un même compositeur utilise plusieurs de ces styles selon les œuvres : par exemple, Maurice Ravel a écrit de la musique impressionniste et aussi de la musique néoclassique. Plus tard, à partir du milieu du XXe siècle, se développent la musique contemporaine et la musique postmoderne.

La mandoline (détail)
Juan Gris, 1921
[© Christie's Images/Corbis/Magma]

Toutes les symphonies de Bruckner sont écrites pour orchestre seul, tandis que plusieurs des symphonies de Mahler font aussi appel aux voix humaines.

    Les symphonies de Bruckner expriment sa foi religieuse. Ce sont de vastes prières qui ont été comparées à de véritables cathédrales sonores. Bruckner disait qu'il composait « à la grande gloire de Dieu », comme Bach. Détail amusant: les deux premières symphonies de Bruckner sont numérotées « double zéro » et « zéro », et les suivantes, de 1 à 9. Pour lui, les deux premières étaient des essais sans importance.

    Les symphonies de Mahler expriment son amour de la vie et de la nature. Sa *Symphonie n⁰ 3* est la plus longue de toutes les symphonies célèbres: elle dure environ quatre-vingt-quinze minutes et chante l'âme de la terre et de ses habitants. Sa *Symphonie n⁰ 8* nécessite un minimum de 250 musiciens. Elle est surnommée « Symphonie des Mille » parce qu'elle a déjà été exécutée par un ensemble d'environ mille instrumentistes et chanteurs ! À propos de cette œuvre gigantesque, Mahler a dit: « Imaginez l'Univers entier en train de sonner et de résonner. » La symphonie suivante n'a pas de numéro: Mahler l'a appelée « Le Chant de la terre », symphonie pour baryton, contralto[*] et orchestre.

Les compositeurs

LE POSTROMANTISME

Le mot « post » signifie « après » en latin. Le postromantisme (l'après-romantisme) est donc une sorte de prolongement du style romantique. Les compositeurs appelés « post-romantiques » sont ceux qui ont continué dans la voie tracée par Wagner, utilisant des orchestres gigantesques et communiquant des sentiments très intenses. La plupart sont germaniques (allemands ou autrichiens) comme Richard Strauss, Bruckner et Mahler, mais il y a aussi des Slaves comme le Polonais Szymanowsky ou le Russe Scriabine.

Leonard Bernstein dirigeant l'Orchestre symphonique de Boston jouant La Résurrection *de Mahler* (8 juillet 1970, Lenox, Mass., États-Unis)
[© Bettmann/Corbis/Magma]

90 LA GRANDE MUSIQUE À LA PORTÉE DE TOUS

Claude Debussy (1862-1918)

La musique de Debussy est très proche de la nature. Ce compositeur français aimait observer le feuillage des arbres ondulant sous le vent d'été, le fracas des vagues se brisant sur les rochers, les reflets des nuages sur l'eau miroitante d'un étang et les gouttes de pluie derrière une fenêtre. Debussy avait le don de transformer ces impressions visuelles en une véritable magie sonore. Pour y arriver, il a dû inventer

Les compositeurs

un nouveau langage sonore qu'on a appelé le « style impressionniste » parce qu'il fait penser aux tableaux des grands peintres impressionnistes comme Renoir ou Manet.

Les idées nouvelles de Debussy lui sont venues petit à petit durant ses années d'apprentissage. Debussy a d'abord étudié au Conservatoire* de Paris, puis il eut l'occasion de séjourner en Italie, en Russie, en Autriche et en Allemagne. Partout, il entendait des musiques surprenantes, par exemple des danses folkloriques utilisant des sortes de gammes qu'on n'enseignait pas au conservatoire. Mais c'est à Paris même qu'il fit sa découverte la plus exotique : lors de la grande Exposition universelle de 1889, Debussy entendit un concert de gamelan*, un orchestre aux sonorités étranges et envoûtantes, venu de l'île de Bali, très loin en Asie.

Tous ces éléments vont aider Debussy à créer un nouveau langage musical original et révolutionnaire.

LA MUSIQUE IMPRESSIONNISTE

C'est Debussy et Ravel qui mettent au point un langage musical qu'on a appelé «musique impressionniste» parce qu'il rappelle le style des peintres impressionnistes comme Renoir, Manet et Sisley. Dans ce genre de peinture, il y a des effets de couleurs et de lumière un peu flous, imprécis, comme on peut en voir dans la nature lorsqu'il y a du brouillard ou de la pluie. Dans les toiles de Renoir et des autres, cet aspect vague, ces nuages vaporeux, ces couleurs brumeuses nous ensorcellent par leur poésie. Dans la musique impressionniste, le compositeur crée des effets semblables en se servant des timbres* des instruments. Les œuvres musicales impressionnistes ont souvent des titres liés au monde visuel, et plus spécialement à l'eau sous toutes ses formes. Voici quelques exemples parmi d'autres: *Reflets dans l'eau*, *La Cathédrale engloutie* et *La Mer* de Debussy; *Jeux d'eau* et *Une barque sur l'océan* de Ravel. Lorsque ces œuvres sont publiées, elles sont souvent regroupées en des recueils intitulés *Images* ou *Estampes* (chez Debussy) ou encore *Miroirs* (chez Ravel).

Pâturage au printemps (détail) Camille Pissarro, 1889 (Museum of Fine Arts, Boston, États-Unis)
[© Collection Burstein/Corbis/Magma]

Les compositeurs

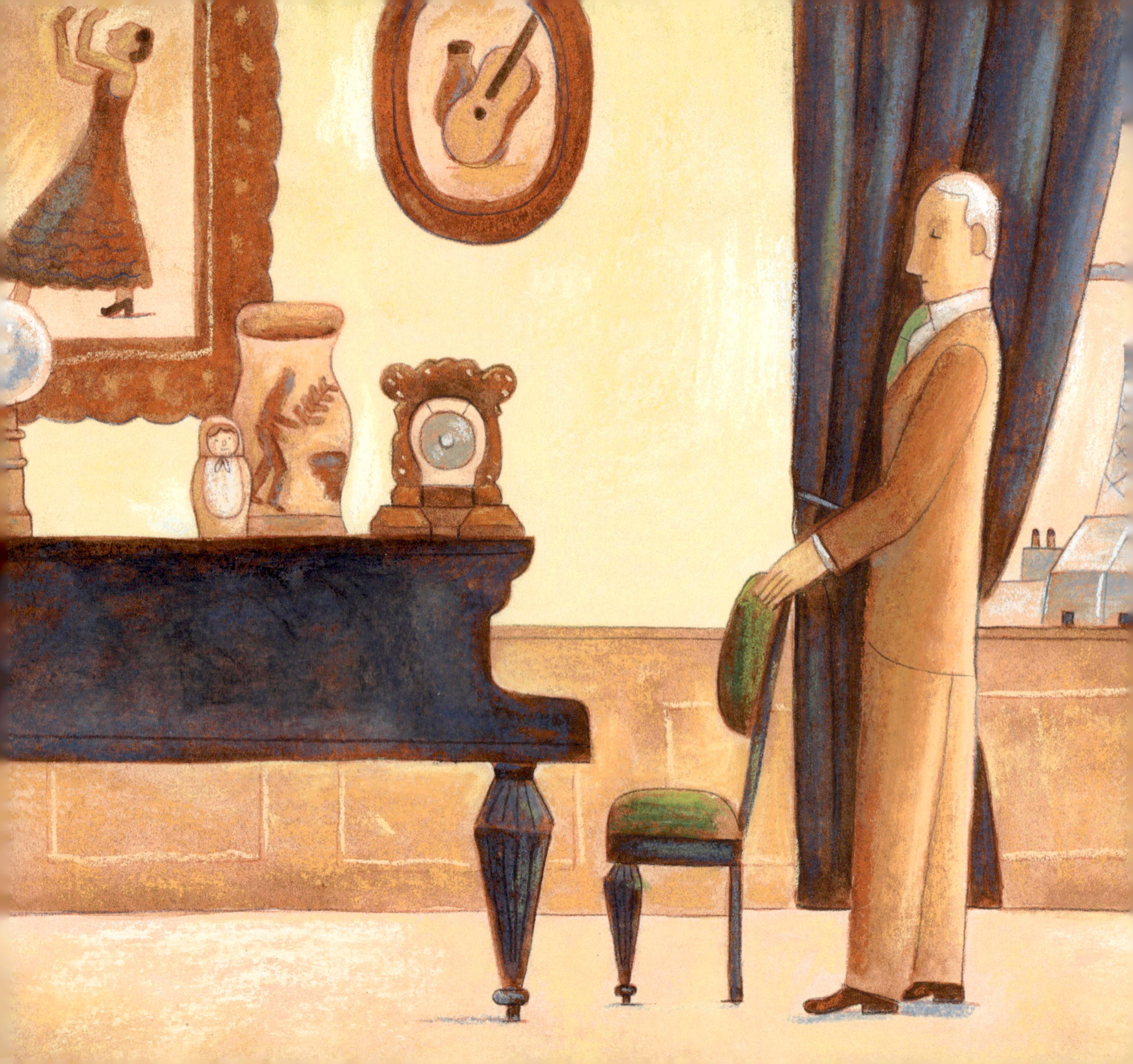

Maurice Ravel (1875-1937)

Né dans le sud de la France, Maurice Ravel, auteur du célèbre *Boléro*, grandit à Paris. Après des cours privés de piano, il étudie la composition au conservatoire avec Gabriel Fauré. Les années passent et, comme Debussy avant lui, Ravel découvre les charmes de la musique russe et de la musique de Bali. Il aime aussi les folklores de l'Espagne, de la Grèce, des Tziganes et bien d'autres. Certaines de ses œuvres se rapprochent de l'impressionnisme de Debussy. Il est un orchestrateur de génie. Son ballet *Daphnis et Chloé*, qui a été monté à Paris en 1912 par la célèbre troupe des Ballets russes de Diaghilev, est une de ses plus belles œuvres. Ce ballet raconte l'histoire d'amour du berger Daphnis et de la bergère Chloé, et des épreuves qu'ils auront à vivre avant de connaître enfin le bonheur. Parmi les épisodes les plus captivants, il y a l'*Enlèvement de Chloé* par les pirates, la *Danse guerrière*, le *Lever du jour* et la *Bacchanale* finale (c'est une sorte de danse sauvage complètement folle).

LE NÉOCLASSICISME

Dans le style néoclassique, les compositeurs rendent hommage aux musiques des siècles passés. Ravel, Prokofiev, Stravinski, Martinů, Respighi et plusieurs autres ont parfois écrit de la musique néoclassique. Par exemple, la *Symphonie classique* de Prokofiev imite le style de Haydn et de Mozart. De son côté, Ravel a composé une suite pour piano intitulée *Le Tombeau de Couperin* qui évoque le style des pièces pour clavecin de Couperin et de Rameau (Ravel a aussi écrit une version pour orchestre de cette suite).

Le compositeur Sergei Prokofieff, 1946
[© Bettmann/Corbis/Magma]

Manuel de Falla (1876-1946)

et la musique espagnole

Manuel de Falla est né le 23 novembre 1876 à Cadix, sur la côte d'Andalousie, dans le sud de l'Espagne. Sa mère, qui lui donna ses premières leçons de musique, l'emmenait souvent entendre des concerts et des opéras. À l'âge de onze ans, Manuel joue de la musique de chambre lors de soirées musicales chez des amis musiciens de sa famille. Au cours des années, Falla fréquente de plus en plus souvent les salles de concert. C'est ainsi qu'il découvre un jour la musique du compositeur norvégien Edvard Grieg qui savait si bien s'inspirer des danses folkloriques scandinaves. Falla n'a alors qu'une envie : devenir le « Grieg » de l'Espagne. Il part aussitôt pour Madrid, la capitale espagnole, pour étudier au conservatoire.

À vingt-trois ans, après avoir complété ses études au conservatoire, il prend des leçons de composition avec le meilleur professeur de Madrid, Felipe Pedrell (1841-1922), considéré alors comme le chef de file de la musique espagnole. Falla ne peut

Les compositeurs

pas mieux tomber: Pedrell est un grand spécialiste du folklore espagnol. Il connaît les particularités de chaque région, depuis l'Andalousie jusqu'à la Catalogne, en passant par la Castille, la Galice, l'Aragon, les Asturies et la Navarre. Pedrell a aussi enseigné à deux autres compositeurs espagnols de premier plan, Enrique Granados (1867-1916) et Isaac Albéniz (1860-1909).

Le folklore espagnol est d'une prodigieuse richesse, avec ses rythmes endiablés et ses sonorités pittoresques de guitares et de castagnettes. Parmi les danses espagnoles les plus connues, il y a la *jota* (prononcer «hrota»), le *bolero*, la *malagueña* («mala-gai-gna»), la *seguidilla* («sé-gui-dill-ya») et le *fandango* («fann-dann-go»). Mais ce qui fascine le plus Falla, c'est la musique des Gitans (les Roms d'Espagne), qui jouent et chantent les rythmes espagnols à leur manière, inventant ainsi le flamenco («fla-ménn-co»). Les deux œuvres les plus connues de Falla sont justement des ballets basés sur la musique flamenco: *Le Tricorne* et *L'Amour sorcier*. Une autre œuvre magnifique de Falla s'intitule *Nuits dans les jardins d'Espagne* pour piano et orchestre, inspirée par les merveilleux palais et jardins construits en Andalousie par les Arabes, au Moyen Âge.

Igor Stravinski (1882-1971)

et les Ballets russes

Avec Chostakovitch et Prokofiev (l'auteur du conte musical *Pierre et le loup*), Stravinski est sans doute l'un des plus grands compositeurs russes du XXe siècle. Son père, Feodor Stravinski, était un chanteur d'opéra très connu en son temps, première basse* au Théâtre Impérial de Saint-Pétersbourg. Le petit Igor n'a pas manifesté de dons prodigieux : c'est seulement à neuf ans qu'il commence à étudier le piano.

▷ 27

Les compositeurs

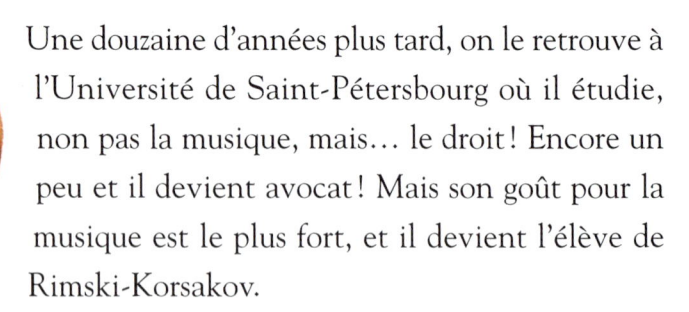

Une douzaine d'années plus tard, on le retrouve à l'Université de Saint-Pétersbourg où il étudie, non pas la musique, mais… le droit! Encore un peu et il devient avocat! Mais son goût pour la musique est le plus fort, et il devient l'élève de Rimski-Korsakov.

Après quelques années d'apprentissage, Stravinski écrit *Feu d'artifice* en guise de cadeau de mariage pour la fille de son professeur. Il s'agit d'une pièce orchestrale très courte, à peine quatre minutes, mais tellement originale qu'elle attire sur lui l'attention d'un personnage important, Serge Diaghilev (1872-1929). Mais qui est-il, ce monsieur Diaghilev? C'est un imprésario* qui a un don spécial pour dénicher les jeunes artistes de grand talent. Il a réuni les meilleurs chorégraphes et danseurs de Russie pour fonder une troupe appelée «Les Ballets russes» qu'il compte amener à Paris. Après avoir entendu *Feu d'artifice* en concert, Diaghilev engage donc Stravinski et lui commande coup sur coup trois ballets qui seront des œuvres extraordinaires. Stravinski part donc pour Paris où il va rester pendant plusieurs années.

Le premier de ces ballets, *L'Oiseau de feu* (1909), est basé sur un conte bien connu des enfants de Russie. Le héros en est Ivan, le tsarévitch (c'est-à-dire le prince), qui, voulant capturer un merveilleux oiseau au plumage étincelant, se retrouve dans le domaine du terrible Katscheï l'Immortel. C'est un grand succès. Deux ans plus tard, le deuxième ballet est terminé. C'est *Petrushka*, l'histoire à la fois cocasse et triste d'un pantin, se déroulant dans un village de Russie. La musique est ici très entraînante et encore plus originale et surprenante que celle de *L'Oiseau de feu*. Le public est ravi, Diaghilev aussi! En 1913, c'est *Le Sacre du printemps*, troisième ballet commandé par l'imprésario. Dans cette œuvre, Stravinski va beaucoup plus loin dans la modernité (sauvage violence des rythmes, emploi de la polytonalité*). Cette fois, l'œuvre n'est pas comprise du premier coup et certains la surnomment « Le Massacre du tympan »! La salle de concert lors de la première est un vrai champ de bataille! Les gens se battent à coups de poing! Il y a ceux qui veulent écouter et ceux qui huent* haut et fort! Il a fallu l'intervention de la police pour que tout rentre dans l'ordre! Une fois la surprise passée, un an plus tard, on a donné cette musique en concert, sans la danse, et cette fois, le public lui a fait un triomphe.

Les compositeurs

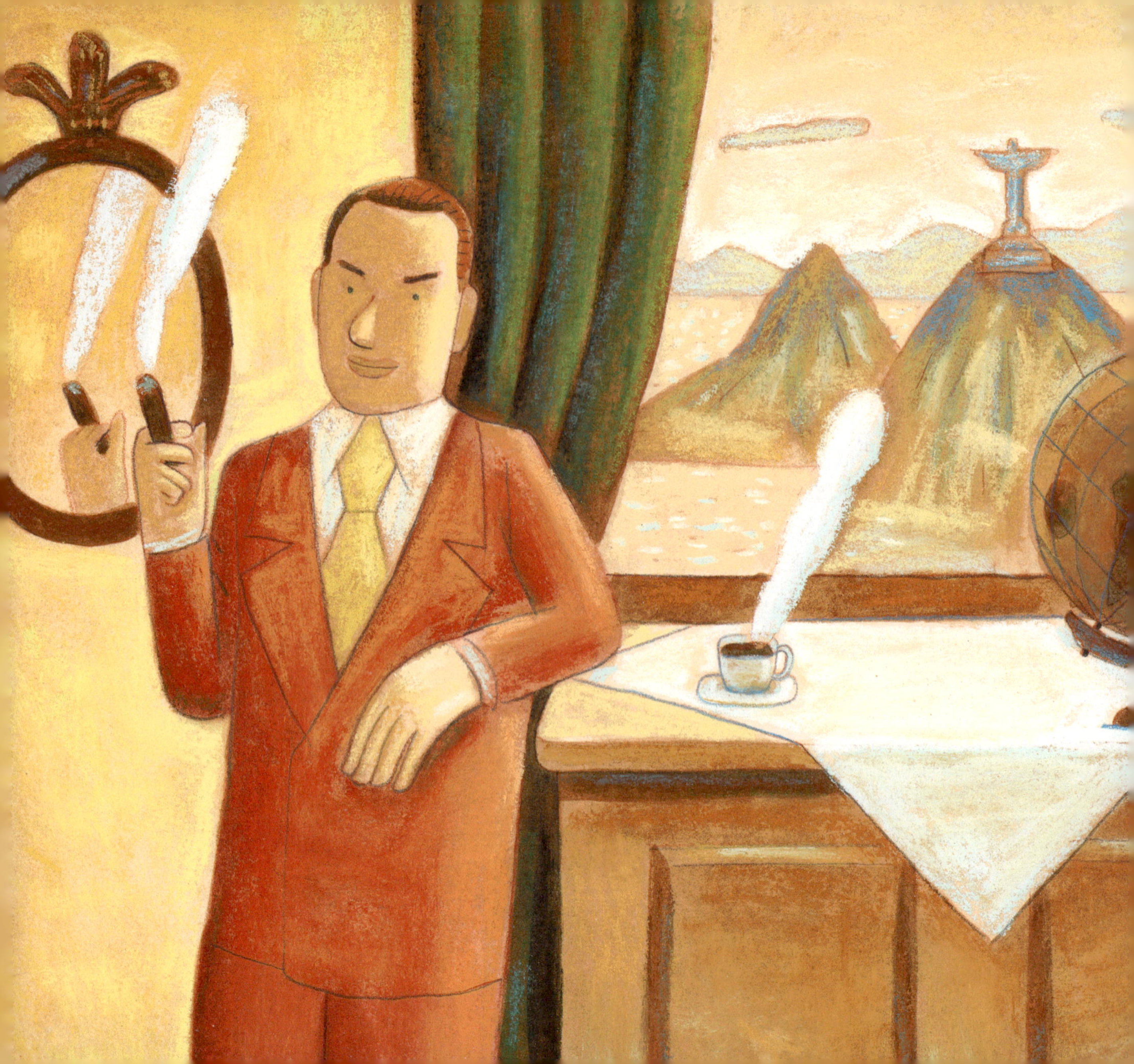

Heitor Villa-Lobos (1887-1959)

et la musique latino-américaine

On appelle Amérique latine l'ensemble des pays d'Amérique où on parle l'espagnol ou le portugais : le Mexique, Cuba, le Venezuela, la Colombie, l'Argentine, le Chili et plusieurs autres. Le plus grand pays d'Amérique latine est le Brésil. C'est aussi le seul où on parle le portugais.

Les chants et danses des pays d'Amérique latine sont joyeux et variés. Il y a par exemple ceux des mariachis mexicains avec leurs sombreros à large bord, jouant de la guitare, de la trompette et du violon. En Argentine, les joueurs de bandonéon* accompagnent les danseurs de tango. Au Pérou, en Bolivie, au Chili et en Équateur, dans les hautes montagnes des Andes, la musique mélancolique des anciens Incas, mélangée avec les chants espagnols, donne naissance au folklore andin joué par la harpe indienne, la flûte des Andes et le charango*. Sur l'île de Cuba, la rumba, le mambo et le cha-cha-cha sont rythmés par des tambours d'origine africaine : les tumbas et les bongos. Au Brésil, on utilise aussi des percussions africaines dans la samba et la batucada, des danses endiablées qui font fureur lors du célèbre carnaval de Rio.

Toutes ces musiques populaires ont inspiré des compositeurs classiques. Au Mexique, par exemple, Carlos Chávez (1899-1978) compose une *Symphonie indienne* et Blas Galindo (né en 1910) écrit *Sones de mariachis* pour orchestre. En Argentine, Alberto Ginastera (1916-1983) compose des ballets inspirés de la vie de ses compatriotes. Mais le compositeur d'Amérique latine le plus célèbre est certainement le Brésilien Heitor Villa-Lobos.

Le Brésil est une terre de musique incomparable avec un style propre à chaque région. Villa-Lobos a passé plusieurs années à parcourir le pays en tous sens, depuis la jungle d'Amazonie jusqu'aux montagnes du nord afin de bien en connaître les musiques. Toute sa vie, il a composé des œuvres inspirées par le folklore et les paysages du Brésil.

Villa-Lobos est un personnage haut en couleurs. Il adore les cigares et le café bien fort, tellement épais qu'on pourrait presque le tartiner ! Il est très prolifique : au cours de sa vie, il écrit plus de mille œuvres ! Parmi celles-ci, des symphonies, des concertos et des ballets, mais aussi des œuvres typiquement brésiliennes comme les 14 *Chôros*[*]. Grand admirateur de Bach, Villa-Lobos a écrit une série de neuf partitions[*] intitulées *Bachianas Brasileiras*, ce qui signifie en portugais « Hommages à Bach à la brésilienne ».

George Gershwin (1898-1937)

et le jazz

Il y a bien longtemps, des colons blancs installés en Amérique sont allés en Afrique capturer des Noirs afin d'en faire des esclaves. Heureusement, cette pratique barbare est rigoureusement interdite depuis plus de 150 ans et les esclaves ont été affranchis (c'est-à-dire libérés) vers la fin du XIXe siècle. Ces Africains, devenus Afro-Américains, avaient leurs propres musiques, avec des rythmes d'une grande richesse.

Les compositeurs

Le chant, la danse et la prière leur ont donné beaucoup de courage dans les épreuves. En mélangeant les chants religieux des Blancs qu'ils entendaient à l'église avec leur propre musique, ils ont inventé une nouvelle expression musicale différente à la fois de la musique africaine et de celle des Blancs. Cette nouvelle musique inclut des chants religieux très émouvants appelés des *spirituals* et d'autres, plus rythmés et joyeux, les gospels. Les Afro-Américains avaient aussi un rythme de danse bien à eux, non religieux celui-là, qui s'appelle le ragtime. Un compositeur américain bien connu, Scott Joplin (1868-1917), nous a laissé des ragtimes inoubliables pour piano, comme *The Entertainer* et *Solace*. À cette époque, il existait aussi un autre type de musique afro-américaine, le blues, où s'exprimait la tristesse née de la souffrance. L'émotion du blues et du spiritual, le rythme du ragtime et du gospel ainsi que le goût de l'improvisation vont se mélanger pour donner naissance au jazz!

Le jazz fait fureur partout en Amérique, et même en Europe où se produisent bientôt des jazzmen américains. Des compositeurs classiques, tels Debussy, Ravel et Stravinski, vont composer des œuvres contenant des rythmes de ragtime, de jazz ou de blues. Aux États-Unis, là où est né le jazz, il y a aussi des musiciens classiques qui s'en inspireront. Le plus connu d'entre eux demeure George Gershwin (prononcer «Guerr-chouinn»).

D'origine juive, les parents de Gershwin sont venus de Russie en 1891. Sept ans plus tard, George naît à New York, dans le quartier de Brooklyn. Il ne commence l'étude du piano qu'à quatorze ans et, à dix-huit ans, il publie déjà ses premières chansons. Trois ans plus tard, sa première comédie musicale est présentée dans un théâtre de Broadway et c'est un grand succès. Le public en redemande! Gershwin écrit donc par la suite un grand nombre de comédies musicales chaque année ainsi qu'environ 500 chansons dont son frère Ira écrit les paroles. Mais il a aussi envie de composer de la musique «sérieuse». En 1924, il donne *Rhapsody in blue* pour piano et orchestre, une œuvre où abondent des mélodies inoubliables et des rythmes inspirés du jazz. Puis ce sera, entre autres, *Un Américain à Paris* pour orchestre, le *Concerto en fa* pour piano et un opéra intitulé *Porgy and Bess*, peut-être sa meilleure œuvre.

Les compositeurs

LA MUSIQUE ATONALE

Avez-vous déjà vu des peintures abstraites? Avant le XXe siècle, les toiles des grands maîtres étaient «figuratives», ce qui veut dire qu'elles représentaient des choses réelles. Les œuvres abstraites sont «non figuratives», c'est-à-dire qu'elles ne représentent rien en particulier, seulement des formes, des couleurs, des motifs géométriques, etc. Lorsqu'on regarde une peinture abstraite pour la première fois, on se sent un peu perdu parce que le sujet n'est pas facilement reconnaissable. Mais en les regardant attentivement, ces formes et ces couleurs créent des effets intéressants et variés, si bien qu'elles dégagent diverses émotions artistiques.

L'éclat au rouge (détail)
Jean-Paul Jérôme, 1991
[Succession Jean-Paul Jérôme/
Musée du Bas-Saint-Laurent]

La musique atonale produit un effet comparable, mais avec les sons. Comme on n'y utilise pas de gammes traditionnelles, elle semble d'abord manquer de sens. Mais en y prêtant une oreille curieuse, un plaisir nouveau nous saisit parfois: doux ou violents, amusants ou sérieux, les sons deviennent musique, un peu comme ceux de la nature. Le compositeur autrichien Arnold Schoenberg a été l'un des premiers à avoir écrit de la musique atonale.

Conclusion

Monteverdi, Purcell, Weber, Paganini, Franck, Strauss, Fauré, Puccini, Sibelius, Satie, Rachmaninov, Bartók, Poulenc, Messiaen, … il y a encore plusieurs compositeurs à découvrir, plusieurs grands personnages à connaître. Espérons que ce premier survol vous incitera à poursuivre vos propres explorations, à pénétrer plus avant dans la caverne d'Ali Baba.

Le disque

Les extraits musicaux que vous entendrez sont très brefs. Par exemple, l'extrait de la *Symphonie « Pastorale »* de Beethoven (plage 5) dure environ une minute alors que la symphonie complète en compte environ quarante-cinq! Ces extraits ne donnent donc qu'un aperçu du style de chaque compositeur. Mais ainsi, vous pourrez apprécier l'immense variété de sonorités et d'atmosphères que comporte l'univers de la musique classique : certains extraits sont très rapides, d'autres très lents; certains sont éclatants d'énergie, d'autres empruntent le ton secret de la confidence; certains mobilisent les forces colossales d'un orchestre gigantesque, d'autres nous sont confiés par un instrument unique.

Vous trouverez quatre grands thèmes sur le disque : la nature, les sentiments, les héros et les voyages. Dès la première plage, des narrateurs vous guideront sur les sentiers de la musique. Le texte de cette narration est disponible sur le site internet suivant : www.melomanie.com/compositeurs.htm

Et maintenant, place à la musique!

Lexique

Alto
Cet instrument à archet ressemble à un violon, mais il est un peu plus gros. Comme le violon, il se place entre le menton et l'épaule gauche. Le même mot peut aussi désigner une voix grave de femme.

Bandonéon
C'est une sorte d'accordéon assez gros, de forme carrée, inventé en 1846 par un Allemand du nom de Heinrich Band puis exporté en Amérique latine.

Baryton
Voir *Voix humaines*.

Basse
Voir *Voix humaines*.

Cantate
Une cantate est une pièce en plusieurs mouvements pour chant et instruments. La plupart sont des «cantates sacrées», car leurs paroles sont liées à la religion. Les autres sont appelées des «cantates profanes».

Charango
Sorte de petite guitare folklorique dont le dos est constitué d'une carapace de tatou (regarde dans le dictionnaire si tu ne connais pas ce drôle d'animal). On prononce «tcha-rrann-go», avec un R roulé.

Chœur
Voir *Voix humaines*.

Chôros
Au Brésil, on appelait «chôros» de petits ensembles de musiciens populaires, jouant de la mandoline, de la guitare, de la flûte, du trombone et de quelques autres instruments. Villa-Lobos a lui-même fait partie de chôros dans sa jeunesse (on prononce «tcho-ross»).

Clavecin
Instrument à cordes très en vogue à l'époque baroque. Il ressemble un peu à un piano, mais sa sonorité est très différente. Les cordes du piano sont frappées par de petits marteaux tandis que celles du clavecin sont pincées (comme les cordes d'une guitare) au moyen d'un ingénieux mécanisme.

Clavicorde
Ancien instrument semblable à un petit piano de table, à la sonorité si douce qu'on peut en jouer la nuit sans déranger les voisins!

Concerto
Le concerto est une œuvre en trois mouvements pour un instrument soliste accompagné par un orchestre, ou, parfois, plusieurs solistes accompagnés par l'orchestre.

Conservatoire
C'est une grande école, très importante, spécialisée dans l'enseignement de la musique ou du théâtre.

Contralto
Voir *Voix humaines*.

Éditeur
L'éditeur est celui qui s'occupe de publier les livres, c'est-à-dire de les imprimer correctement et de les mener jusque sur les tablettes des libraires. Il existe des éditeurs spécialisés dans la publication d'œuvres musicales.

Ensemble
Groupe de musiciens jouant les uns avec les autres (voir *Musique de chambre*, *Orchestre de chambre*, *Orchestre symphonique*).

Gamelan
C'est une sorte d'orchestre employé dans la musique de certaines îles d'Indonésie, en Asie du Sud-est, surtout à Java et à Bali, avec de nombreux instruments à percussion aux timbres étranges et envoûtants.

Huer
Huer, c'est le contraire d'applaudir. Lorsque le public n'aime pas un concert, une pièce de théâtre ou un opéra, il arrive qu'il hue en criant Bououououououh! ou Chouououou! Cette pratique était beaucoup plus fréquente il y a cent ans que de nos jours. À cette époque, les plus mécontents lançaient même des tomates et poussaient des cris d'animaux!

Imprésario
L'imprésario est celui qui organise des spectacles (ballet, opéra, comédies musicales, pièces de théâtre, etc.) et des concerts. Il choisit et engage les musiciens et les autres artistes comme les danseurs et les décorateurs.

Lieder
Ce mot allemand signifie «mélodies». En musique classique, on appelle ainsi des poèmes en langue allemande mis en musique pour chant et piano, parfois aussi pour chant et orchestre. On prononce «lidère». Au singulier on dit un «lied» (prononcé «liide»).

Livret (ou libretto)
Le texte destiné à être chanté dans un opéra s'appelle un livret. Il est souvent adapté d'une pièce de théâtre, mais aussi parfois d'un roman ou d'une légende. On dit aussi «libretto», un mot qui signifie «petit livre» en italien. La plupart du temps, les livrets sont rédigés par des écrivains spécialisés appelés «librettistes».

Luth
Le luth est un instrument à cordes pincées, comme la guitare, mais en forme d'amande. Son dos est très bombé et sa sonorité, très douce. Au Moyen Âge et à la Renaissance, il était l'instrument le plus populaire.

Maestro
C'est un mot italien qui signifie «maître». C'est un titre que l'on donne aux grands musiciens, surtout aux chefs d'orchestre et aux compositeurs.

Mélomane
C'est quelqu'un qui a une grande passion pour la musique. Les mélomanes écoutent beaucoup de disques et adorent aller au concert ou à l'opéra.

Messe
La messe est la cérémonie la plus importante de la religion chrétienne catholique. Autrefois, les paroles de la messe étaient chantées en latin. Bien des grands compositeurs ont écrit des messes de toute beauté. C'est le cas de Bach, Mozart, Haydn, Beethoven, Schubert, Bruckner et tant d'autres encore.

Mouvement
La plupart des livres se divisent en plusieurs chapitres. De même, les œuvres musicales sont souvent divisées en plusieurs parties. Ce sont ces parties qu'on appelle des «mouvements». Habituellement, les concertos ont trois mouvements et les symphonies en ont quatre. Certains mouvements sont lents, d'autres rapides.

Musicologue
Savant qui étudie en profondeur tous les aspects de la musique.

Musique de chambre
En général, on appelle «musique de chambre» les œuvres écrites pour un seul instrument ou pour de petits ensembles d'instruments (entre deux et dix).

Octuor
Ensemble composé de huit instruments; œuvre écrite pour un tel ensemble, généralement en trois ou quatre mouvements. De la même façon, on utilise les mots «quatuor» (quatre instruments), «sextuor» (six), «septuor» (sept) et même «dixtuor» (dix). Par contre, on dit «duo» (deux instruments), «trio» (trois), «quintette» (cinq) et «nonet» (neuf). Voir aussi *Quatuor à cordes* et *Trio*.

Opéra
Imaginez une pièce de théâtre dont les dialogues sont chantés et accompagnés par un orchestre symphonique au lieu d'être récités. Un opéra, c'est ça.

Opéra bouffe
Ce n'est pas un opéra où il est question de nourriture! C'est plutôt une comédie chantée, avec des gags et des bouffonneries destinés à faire rire le spectateur.

Oratorio
Sorte d'opéra sur un sujet religieux qui se joue sans costumes ni décors.

Orchestre de chambre
C'est un orchestre plus petit que l'orchestre symphonique: entre douze et trente-cinq instruments à peu près. Certaines œuvres sont écrites spécialement pour orchestre de chambre.

Orchestre symphonique
C'est un grand ensemble d'instruments (entre soixante et plus de cent musiciens, environ), organisé en trois familles: les cordes, les vents et les percussions, et dirigé par un chef d'orchestre. La famille des vents est elle-même divisée en deux groupes, les bois et les cuivres.

«Œuvre pour orchestre», «œuvre orchestrale», «œuvre symphonique»: trois façons de dire «œuvre pour orchestre symphonique».

L'expression «Orchestre philharmonique» est tout simplement un nom propre qu'on donne à certains orchestres symphoniques. Par exemple, parmi les orchestres symphoniques de la ville de Vienne, en Autriche, il y en a un qui s'appelle «L'Orchestre symphonique de Vienne», et un autre, «L'Orchestre philharmonique de Vienne».

Orchestration
L'art de l'orchestration consiste à bien choisir et combiner les timbres des instruments de l'orchestre pour créer des effets magiques et évocateurs, un peu comme un peintre se sert de sa palette de couleurs.

Organiste
Musicien qui joue de l'orgue. Dans les grandes églises et cathédrales, il est très important, car il dirige aussi les chœurs. Il doit aussi savoir improviser.

Ouverture
Pièce pour orchestre qui sert d'introduction à un opéra, à un ballet, etc. Elle se joue normalement avant le lever du rideau.

Page
Lorsqu'on parle d'une œuvre musicale, on peut dire «page» même si elle en comporte cent ou mille! Exemple: «La *Symphonie n° 5* de Beethoven est une des pages les plus célèbres de l'histoire de la musique.»

Partition
Il s'agit d'un livre sur lequel une œuvre musicale est écrite à la main ou imprimée. Ce mot est aussi utilisé pour dire «œuvre». Exemple: «La *Symphonie n° 5*

de Beethoven est une des plus extraordinaires partitions de l'histoire de la musique.»

Poème symphonique

C'est une œuvre pour orchestre, en un seul mouvement, qui raconte une histoire ou qui s'inspire d'une poésie, d'un tableau, etc. Liszt en a écrit treize, et de nombreux compositeurs vont suivre son exemple: Saint-Saëns, Tchaïkovski, Moussorgski, Borodine, Smetana, Richard Strauss, Respighi, Dukas (ce compositeur français en a composé un seul, bien connu, intitulé *L'Apprenti sorcier*) et plusieurs autres.

Polytonalité

C'est un style de composition moderne où on utilise plusieurs gammes en même temps. L'effet est parfois grinçant, parfois cocasse.

Préclassique (époque)

Les musicologues appellent ainsi la période située entre 1730 et 1770 environ. Au cours de cette époque, certains compositeurs comme Telemann, les fils de Jean Sébastien Bach, Gluck, Pergolèse, Sammartini, Domenico Scarlatti et plusieurs autres, imaginent des nouvelles idées musicales. Petit à petit, ces nouveautés vont s'ajouter les unes aux autres, ce qui donnera naissance au style classique proprement dit.

Quatuor à cordes

C'est un ensemble composé de deux violons, un alto et un violoncelle. C'est également ainsi qu'on appelle les œuvres composées pour un tel ensemble. La plupart des quatuors à cordes comportent trois ou quatre mouvements.

Quintette

Voir *Octuor*.

Rhapsodie

C'est une œuvre en un seul mouvement, habituellement pour orchestre ou pour piano, dans un style qui fait penser à de l'improvisation. Souvent, les rhapsodies sont basées sur le folklore (rhapsodie slave, hongroise, roumaine, espagnole, etc.).

Sonate

À l'époque baroque, œuvre composée pour un à six instruments. La majorité en regroupaient quatre et comportaient quatre mouvements. Depuis Haydn, à l'époque classique, les sonates sont écrites pour un ou deux instruments et habituellement divisées en trois ou quatre mouvements. Chacune des 555 sonates pour clavecin de Scarlatti n'a qu'un mouvement, ce qui est assez exceptionnel.

Suite

La suite est une œuvre en plusieurs mouvements courts et dansants. Certaines suites sont composées d'extraits d'œuvres plus importantes, comme un ballet ou un opéra, par exemple, la Suite du ballet *Casse-Noisette* de Tchaïkovski ou la Suite de l'opéra *Carmen* de Bizet.

Symphonie

La symphonie est un des genres musicaux les plus importants. Elle est jouée par un orchestre symphonique et comporte habituellement quatre mouvements. Parfois, la voix humaine se joint à l'orchestre (comme dans la *Symphonie n° 9* de Beethoven) mais c'est plutôt rare.

Ténor

Voir *Voix humaines*.

Timbre

La sonorité particulière à chaque instrument, c'est ce qu'on appelle son «timbre». Ainsi, la même note jouée sur une flûte ou sur un violon ne sonne pas de la même façon: c'est leur timbre qui est différent.

Les compositeurs

Trio
Les ensembles de trois instruments, ou de trois chanteurs, sont appelés des trios. Ce mot désigne aussi une œuvre composée pour un tel groupe. Dans la musique classique, la plupart des trios sont écrits pour piano, violon et violoncelle, et sont en quatre mouvements.

Violes
Ce sont des cousines du violon, apparues à la Renaissance. Elles comportent six ou sept cordes frottées par un archet. Il y en a toute une famille, de différentes tailles. La plus connue est la viole de gambe, à peu près de la taille d'un violoncelle.

Virginal
Ce petit instrument à clavier est une sorte de clavecin de table.

Virtuose
C'est un instrumentiste capable de jouer des pièces extrêmement difficiles. Exemple : Jascha Heifetz a été l'un des plus grands virtuoses du violon au XXe siècle.

Voix humaines
Les voix humaines sont classées selon les notes qu'elles peuvent atteindre. Chez les voix de femme, la plus élevée est la voix de soprano, la voix médium est le mezzo-soprano et la plus basse est le contralto, appelé aussi alto. Chez les hommes, le ténor est la plus haute, puis vient le baryton, et enfin la voix de basse. On appelle chœur la réunion d'un grand nombre de chanteurs : c'est comme un orchestre de voix. Lorsqu'un chœur chante sans être accompagné par des instruments, on dit qu'il chante *a cappella*.

Table des matières

Préface de Yves Beauchemin	3
Une véritable caverne d'Ali Baba	5
Les époques de la musique classique	7

LES COMPOSITEURS — 11

Antonio Vivaldi	13
☐ L'ÉPOQUE BAROQUE	15
Jean-Philippe Rameau et François Couperin	17
Johann Sebastian Bach	19
Georg Friedrich Haendel : un Allemand en Angleterre	21
Franz Joseph Haydn	25
☐ L'ÉPOQUE CLASSIQUE	27
Wolfgang Amadeus Mozart	29
☐ L'AUTRICHE	31
Ludwig van Beethoven	33
☐ L'ÉPOQUE ROMANTIQUE	35
Gioachino Rossini	37
☐ VIENNE, VILLE MUSICALE	39
Franz Schubert	41
Hector Berlioz	43
Félix Mendelssohn	45
Frédéric Chopin	47
Robert Schumann	51
Franz Liszt	53
Richard Wagner	55
Giuseppe Verdi	59
Bedrich Smetana	63

☐	**LE PEUPLE DES ROMS**	64-65
	Johannes Brahms et la musique tzigane	67
	Camille Saint-Saëns	69
	Georges Bizet	71
	Piotr Ilyitch Tchaïkovski	73
☐	**LA MUSIQUE SLAVE**	76-77
	Antonín Dvořák, chantre de la Bohême	79
	Edvard Grieg	81
	Nikolaï Rimski-Korsakov et le groupe des Cinq	83
	Anton Bruckner et Gustav Mahler	87
☐	**L'ÉPOQUE MODERNE**	88
☐	**LE POSTROMANTISME**	90
	Claude Debussy	91
☐	**LA MUSIQUE IMPRESSIONNISTE**	93
	Maurice Ravel	95
☐	**LE NÉOCLASSICISME**	96
	Manuel de Falla et la musique espagnole	97
	Igor Stravinski et les Ballets russes	99
	Heitor Villa-Lobos et la musique latino-américaine	103
	George Gershwin et le jazz	105
☐	**LA MUSIQUE ATONALE**	108
	Conclusion	109
	Lexique	110
	Table des matières	115
	Index des plages du disque	117
	Crédits des extraits musicaux	119

Index des plages du disque

[1:34] **1. Introduction. Les compositeurs nous parlent (texte)**
[En fond musical : Schumann. Scènes d'enfants, I. Des Gens et des pays lointains]

[0:55] **2. L'appel de la nature (texte)**
[1:31] 3. Grieg. Peer Gynt, Le Matin
[0:57] 4. Vivaldi. Les Quatre Saisons, Le Printemps
[1:22] 5. Beethoven. Symphonie n° 6, « Pastorale »
[0:46] 6. Saint-Saëns. Le Carnaval des animaux, IX. Le Coucou au fond des bois
[0:46] 7. Vivaldi. Les Quatre Saisons, L'Été
[0:40] 8. Rameau. La Poule
[1:21] 9. Debussy. Estampes pour piano, III. Jardins sous la pluie
[1:25] 10. Rossini. Guillaume Tell, ouverture
[1:19] 11. Smetana. Vltava (La Moldau)
[1:13] 12. Wagner. Siegfried, Murmures de la forêt
[1:07] 13. Schumann. Scènes de la forêt, VII. L'Oiseau prophète
[1:14] 14. Ravel. Daphnis et Chloé, Lever du jour

[1:21] **15. L'expression des sentiments (texte)**
[En fond musical : Schumann. Scènes d'enfants, XII. L'Enfant s'endort]

[1:04] 16. Bach. Concerto pour violon et hautbois
[0:38] 17. Brahms. Quintette à cordes n° 2
[0:47] 18. Haendel. Water Music, Alla Hornpipe
[1:23] 19. Chopin. Valse op. 64, n° 2
[0:43] 20. Brahms. Symphonie n° 3
[0:50] 21. Haydn. Symphonie n° 88
[1:13] 22. Mozart. Concerto pour piano n° 20
[1:12] 23. Bruckner. Symphonie n° 9
[1:07] 24. Schubert. Symphonie n° 8, « Inachevée »
[1:14] 25. Bach. Cantate BWV 147, X. Choral « Jésus, que ma joie demeure »
[1:23] 26. Mahler. Symphonie n° 3, III. Comodo
[1:25] 27. Stravinski. L'Oiseau de feu, Introduction

[1:09] **28. Les héros et les batailles (texte)**
[En fond musical : Mendelssohn. Ouverture «Les Hébrides» (La Grotte de Fingal)]
[1:09] 29. Beethoven. Symphonie n° 3, «Eroica»
[1:07] 30. Bizet. Jeux d'Enfants, I. Trompette et tambour
[1:46] 31. Verdi. Il Trovatore, air de Manrico «Di quella pira»
[1:08] 32. Liszt. Mazeppa
[0:50] 33. Rimski-Korsakov. Schéhérazade, II. Le Récit du prince Kalender
[0:51] 34. Tchaïkovski. Ouverture 1812
[1:27] 35. Wagner. La Walkyrie, Chevauchée des Walkyries
[1:06] 36. Moussorgski. Une Nuit sur le mont Chauve
[1:25] 37. Wagner. Le Crépuscule des dieux, Marche funèbre de Siegfried
[1:39] 38. Berlioz. Symphonie fantastique, V. Songe d'une nuit de sabbat
[1:36] 39. Wagner. Lohengrin, Prélude à l'acte III
[1:11] 40. Beethoven. Symphonie n°. 9 «Chorale», IV. Finale : Presto

[0:41] **41. Les voyages musicaux (texte)**
[En fond musical : Vocalises improvisées. Marcomé, chant]
[0:53] 42. Grieg. Danse norvégienne op. 35, n° 2
[1:08] 43. Mendelssohn. Symphonie n° 3, «Écossaise»
[1:32] 44. Berlioz. Harold en Italie, III. Sérénade d'un montagnard des Abruzzes à sa maîtresse
[1:57] 45. Brahms. Danse hongroise n° 5
[1:23] 46. Dvořák. Danse slave op. 46, n° 7 (Skočna)
[0:53] 47. Chopin. Polonaise n° 6, «Héroïque»
[1:19] 48. Borodine. Dans les steppes de l'Asie centrale
[1:19] 49. Debussy. Estampes, I. Pagodes
[1:22] 50. Saint-Saëns. Samson et Dalila, Bacchanale

[1:03] **51. Conclusion (texte)**
[En fond musical : Schubert. Quintette pour piano et cordes «la Truite»]

1. **Introduction.**
Les compositeurs nous parlent (texte)
[En fond musical : Schumann. Scènes d'enfants, I. Des Gens et des pays lointains. Naxos 8.550784, plage 1 ; Jenö Jandó, piano]
3. **Grieg.** Peer Gynt, Suite n° 1, I. Le Matin. Naxos 8.550864, plage 1 ; Orchestre symphonique d'Islande, dir. Bjarte Engeset.
4. **Vivaldi.** Les Quatre Saisons, Le Printemps, I. Allegro. Naxos 8.555290, plage 1 ; Siqing Lu, violon. Toronto Camerata, dir. Kevin Mallon.
5. **Beethoven.** Symphonie n° 6, « Pastorale », I. Allegro ma non troppo. Naxos 8.556651, plage 7 ; Sinfonia Nicolaus Esterházy de Budapest, dir. Béla Drahos.
6. **Saint-Saëns.** Le Carnaval des animaux, IX. Le Coucou au fond des bois. Naxos 8.550499, plage 9 ; Marian Lapšanky et Peter Toperczer, pianos ; Orchestre symphonique de la radio Slovaque, dir. Ondrej Lenárd.
7. **Vivaldi.** Les Quatre Saisons. L'Été, I. Allegro non molto. Naxos 8.555290, plage 4 ; Siqing Lu, violon. Toronto Camerata, dir. Kevin Mallon.
8. **Rameau.** Troisième Recueil : Nouvelles Suites de pièces de clavecin, XII. La Poule. Naxos 8.553048, plage 11 ; Gilbert Rowland, clavecin.
9. **Debussy.** Estampes pour piano, III. Jardins sous la pluie. Naxos 8.553292, plage 9 ; François-Joël Thiollier, piano.
10. **Rossini.** Guillaume Tell, ouverture. Naxos 8.556683, plage 12 ; Orchestre du Festival de Zagreb, dir. Michael Halász.
11. **Smetana.** Má Vlast, Vltava (La Moldau). Naxos 8.550376, plage 13 ; Orchestre Philharmonique Slovaque, dir. Barry Wordsworth.

12. **Wagner.** L'Anneau du Nibelung, Siegfried, Murmures de la forêt. Naxos 8.550211, plage 4 ; Orchestre symphonique de la radio tchèque (Bratislava), dir. Uwe Mund.
13. **Schumann.** Scènes de la forêt, VII. L'Oiseau prophète. Naxos 8.55662.2, plage 8 ; Jenö Jandó, piano.
14. **Ravel.** Daphnis et Chloé, Suite n° 2, Lever du jour. Naxos 8.550424, plage 7 ; Orchestre symphonique de la radio Slovaque, dir. Kenneth Jean. [©Sodrac, 2004]
15. **L'expression des sentiments (texte)**
[En fond musical : Schumann. Scènes d'enfants, XII. L'Enfant s'endort. Naxos 8.550784, plage 12 ; Jenö Jandó, piano.]
16. **Bach.** Concerto pour violon et hautbois (BWV 1060), II. Adagio. Naxos 8.554602, plage 14 ; Christian Hommel, hautbois. Lisa Stewart, violon ; Orchestre de chambre de Cologne, dir. Helmut Muller-Bruhl.
17. **Brahms.** Quintette à cordes n° 2, I. Allegro non troppo ma con brio. Naxos 8.553635, plage 4 ; Quatuor Ludwig. Bruno Pasquier, alto.
18. **Haendel,** Water Music, suite n° 2, II. Alla Hornpipe. Naxos 8.556665, plage 20 ; Capella Istropolitana, dir. Bohdan Warchal.
19. **Chopin.** Valse en do dièse mineur, op. 64 n°. 2. Analekta - Fleurs de lys FL 23158, plage 7 ; Richard Raymond, piano.
20. **Brahms.** Symphonie n° 3, III. Poco allegretto. Naxos 8.550280, plage 3 ; Orchestre de la Radio Télévision Belge, dir. Alexander Rahbari.
21. **Haydn.** Symphonie n° 88, II. Largo. Naxos 8.5500287, plage 6 ; Capella Istropolitana, dir. Barry Wordsworth.

22. **Mozart.** Concerto pour piano n° 20 en ré mineur, I. Allegro. Naxos 8.550434, plage 1 ; Jenö Jandó, piano, Concentus Hungaricus, dir. András Ligeti.
23. **Bruckner.** Symphonie n° 9, II. Scherzo. Naxos 8.554268, plage 2 ; Orchestre Royal National d'Écosse, dir. Georg Tintner.
24. **Schubert.** Symphonie n° 8, « Inachevée », I. Allegro moderato. Naxos 8.550145, plage 1. Orchestre Philharmonique Slovaque. dir. Michael Halász
25. **Bach.** Cantate BWV 147, X. Choral « Jesus bleibet meine Freude » (Jésus demeure ma joie). Naxos 8.554042, plage 24 ; Chœur de la Radio Hongroise. Orchestre de chambre Failoni, dir. Matyás Antal.
26. **Mahler.** Symphonie n° 3, III. Comodo, Scherzando (Ce que me racontent les animaux de la forêt). Naxos 8.550525-26, CD 1, plage 3 ; Orchestre symphonique de la radio Nationale Polonaise, dir. Antoni Wit.
27. **Stravinski.** L'Oiseau de feu, Suite n° 2 (1919), I. Introduction. Naxos 8.550263, plage 1 ; Orchestre de la Radio Télévision Belge, dir. Alexander Rahbari. [©Sodrac, 2004.]

28. **Les héros et les batailles (texte)**
[En fond musical : Mendelssohn. Ouverture « Les Hébrides » (La Grotte de Fingal). Naxos 8.554433, plage 8 ; Orchestre Philharmonique Slovaque, dir. Oliver Dohnányi.]
29. **Beethoven.** Symphonie n° 3 « Eroica », I. Allegro con brio. Analekta - Fleurs de lys - FL 23105, plage 4 ; Orchestre Métropolitain, dir. Joseph Rescigno.
30. **Bizet.** Petite Suite d'orchestre (Jeux d'Enfants), I. Marche (Trompette et tambour).

Crédits des extraits musicaux

119

Naxos 8.553278, plage 5 ; Orchestre symphonique de la Nouvelle-Zélande, dir. Donald Johanos.
31. Verdi. Il Trovatore, air de Manrico « Di quella pira ». Naxos 8.557269, plage 12 ; Marcello Giordani, ténor ; Orchestre Philharmonique et Chœur du Théâtre Bellini à Catane, dir. Steven Mercurio.
32. Liszt. Mazeppa. Naxos 8.550487, plage 3 ; Orchestre symphonique de la radio Nationale Polonaise, dir. Michael Halász.
33. Rimski-Korsakov. Schéhérazade, II. Le Récit du prince Kalender. Naxos 8.550726, plage 2 ; Orchestre Philharmonia de Londres, dir. Enrique Bátiz.
34. Tchaïkovski. Ouverture 1812. Naxos 8.555923, plage 5 ; Orchestre symphonique national d'Ukraine, dir. Theodore Kuchar.
35. Wagner. L'Anneau du Nibelung, La Walkyrie, Chevauchée des Walkyries. Naxos 8.550211, plage 2 ; Orchestre symphonique de la radio tchèque (Bratislava), dir. Uwe Mund.
36. Moussorgski. Une Nuit sur le mont Chauve (version originale). Naxos 8.550501, plage 4 ; Orchestre symphonique national d'Ukraine, dir. Theodore Kuchar.
37. Wagner. L'Anneau du Nibelung, Le Crépuscule des dieux, Marche funèbre de Siegfried. Naxos 8.550211, plage 6 ; Orchestre symphonique de la radio tchèque (Bratislava), dir. Uwe Mund.
38. Berlioz. Symphonie fantastique. V. Songe d'une nuit de sabbat. Naxos 8.553935, plage 5 ; Orchestre symphonique de la radio tchèque (Bratislava), dir. Pinchas Steinberg.

39. Wagner. Lohengrin, Prélude à l'acte III. Naxos 8.550136, plage 7 ; Orchestre Philharmonique Slovaque, dir. Michael Halász.
40. Beethoven. Symphonie n° 9 « avec un chœur final sur L'Ode à la joie de Schiller », IV. Finale : Presto. Naxos 8.556651, plage 10 ; Orchestre Philharmonique de Zagreb, dir. Richard Edlinger.

41. Les voyages musicaux (texte)
[En fond musical : Vocalises improvisées. Marcomé, chant.]
42. Grieg. Danse norvégienne op. 35, n° 2. Naxos 8.550090, plage 3 ; Orchestre Philharmonique d'État de Slovaquie, dir. Richard Edlinger.
43. Mendelssohn. Symphonie n° 3, « Écossaise », II. Vivace non troppo. Naxos 8.553200, plage 2 ; Orchestre Symphonique National d'Irlande, dir. Reinhard Seifried.
44. Berlioz. Harold en Italie, III. Sérénade d'un montagnard des Abruzzes à sa maîtresse. Naxos 8.553034, plage 5 ; Rivka Golani, alto. Orchestre symphonique de San Diego, dir. Yoav Talmi.
45. Brahms. Danse hongroise n° 5. Naxos 8.550110, plage 5 ; Orchestre symphonique de Budapest, dir. Istvan Bogár.
46. Dvořák. Danse slave op. 46, n° 7 (Skočna). Analekta - Fleurs de lys FL 23156, plage 5 ; Orchestre symphonique de Québec, dir. Yoav Talmi.
47. Chopin. Polonaise n° 6, « Héroïque ». Naxos 8.553170, plage 10. Idil Biret, piano.
48. Borodine. Dans les steppes de l'Asie centrale. Naxos 8.550051, plage 17 ;

Orchestre Philharmonique Slovaque, dir. Daniel Nazareth.
49. Debussy. Estampes, I. Pagodes. Naxos 8.553292, plage 7 ; François-Joël Thiollier, piano.
50. Saint-Saëns. Samson et Dalila, Bacchanale. Naxos 8.550138, plage 6 ; Orchestre symphonique de la radio tchèque (Bratislava), dir. Stephen Gunzenhauser.

51. Conclusion (texte)
[En fond musical : Schubert. Quintette pour piano et cordes « la Truite », IV. Thème et variations. Naxos 8.550658, plage 4 ; Jenö Jandó, piano. Quatuor Kodály.]